JN234463

なにわ大阪の伝統野菜

なにわ特産物食文化研究会編著

農文協

なにわ大阪が育てた野菜・目次

目　次

第三章　なにわ大阪伝統野菜の流通 179

※第二章　野菜品目の下の写真は、主にその野菜の花を使用しています。

第一章　なにわ大阪伝統野菜のあらまし

はじめに

江戸時代の大坂はおおよそ船場《せんば》、下船場・大川筋、大川以北を合わせた大坂三郷《さんごう》（北組、南組、天満組《てんま》）を指していました。当時の大坂は町場で、全国を相手とする商業と手工業と金融業の中心的役割を果たす大都市でした。天和《てんな》三年（一六八三）に京（京都）の人口は三十万人を少し越え、大坂は宝暦《ほうれき》六年（一七五六）には四十二万人にも達する江戸につぐ人口集中都市でした。したがって、江戸は政治の中心都市、京都は文化都市に対して、大坂は商工都市の特徴を持っていました。

この大坂を取り巻いて摂津《せっつ》、河内《かわち》、和泉《いずみ》の三国、短くは「摂河泉《せつかせん》」の地域がありました。河内、和泉は現在の大阪府東部地域、南西部地域一帯を指しますが、摂津の国は広大で、南は大和川《やまと》から木津《きづ》、難波《なんば》や多くの埋立て新田地域、北は高槻《たかつき》、山崎まで、西は兵庫県の須磨《すま》に接するまでの地域をいいました。さらに、現在の奈良県の大和国や京都府南部の山城国《やましろ》を含めた「五畿内《ごきない》」地域から、河川や陸上を利用して、米麦、茶、綿花、煙草とともに多くの野菜、果物、採取青物が大坂に集まりました。これらの大坂の周辺地域は食料農産物や工芸作物の種類も多く、全国でも最高の生産力を示していました。その上、魚種の多い瀬戸内海をひかえ、海上輸送で近海ものや遠国北海道から昆布も入ってきました。このため、大坂は「食い倒れの都」として有名でした。その詳しい説明は後ですることにして、ここではなぜ大阪の古い伝統野菜を取り上げるのかを述べておきます。

一　今なぜ大阪の伝統野菜なのか

大阪野菜の見直しの必要性

大阪の伝統野菜（以前は蔬菜《そさい》あるいは菜蔬）を取り上げるのは、ただ「昔のものは良かった」とか、「古くからあるものはそれだけ大きな価値がある」という、懐古主義からではありません。現代は大量生産・流通と国際化でいろいろなものが食べられ、不足するものはなく、旬《しゅん》のものもわからないほどの飽食の社会に生活しています。特に、日本は雑食文化社会といわれるほど和食を中心に色々な西洋料理、中華料理、エスニック料理などが、外食はもちろん家庭内にも入っています。このような和洋入り交じった食文化の中にあって、大阪に古くからあった伝統野菜を掘り起こし、希少性、地元性、親近性の次元から、その存在価値をもう一度見直し、現代に活かせないかを検討してみたいからです。

もう一つの理由は、近世期の大坂が「天下の台所」としてめざましい発展をとげ、米麦をはじめ全国の食材を集め、また多くの国や地域に新しい食用作物を伝播《でんぱ》しました。しかし、いまや大阪の野菜は点的にしか生産されていず、大阪人の食生活のなかでも多種の国内産や激増する輸入物に押されて、ほとんど認識されていないのが実状です。このような厳しい環境のなかで、大阪野菜の良さ、特徴を積極的に発信するためには、もう一度大阪の伝統野菜を見直し、近世期当時、その栽培・生産、取引・流通、加工・料理などがどのように行われ、消費・健康などにどのように活かされていたか、そしてどのように全国に発信されて伝播されていたかを把握する必要があるのです。

物財の集散都市大坂

前述のように、近世初期以降、大阪は米・綿・菜種をはじめとして諸物財の集散地であり、まだ十分な生活物資や酒などの特産物が集まらない江戸への中継供給基地でもありました。そのため、大坂三郷には、近国の摂河泉の三国、さらには京都府南部の山城国や大和国からも多くの生活資材が入ってきました。同時に、遠国からも米に限らず、昆布や化粧用の紅まで輸送されてきました。その中には、当然青物（栽培された蔬菜と採取された食物）や果物や種子もありました。特に、大坂町場の南隣の木津・難波地域は畑場八ヵ村といわれ、他国の青物も同化させて、多様で大量の野菜を高度な栽培方法で生産し供給していました。また逆に、カンピョウ（干瓢）や守《もり》口《ぐち》ダイコンのように生産が他国に移動していったものもありました。

さらに、近世後期になると、大坂町場の拡大とともに、野菜の生産地は摂津、河内の外部周辺農村にひろがるとともに、さらに和泉、大和、紀州、近江《おうみ》へと特産地が拡大して行きます。同時に全国各地に特産地が作られ、大坂の求心力が弱くなる一方、江戸の政治、経済などの諸力が決定的になっていき、全国の物財が直接江戸に集まるようになりました。

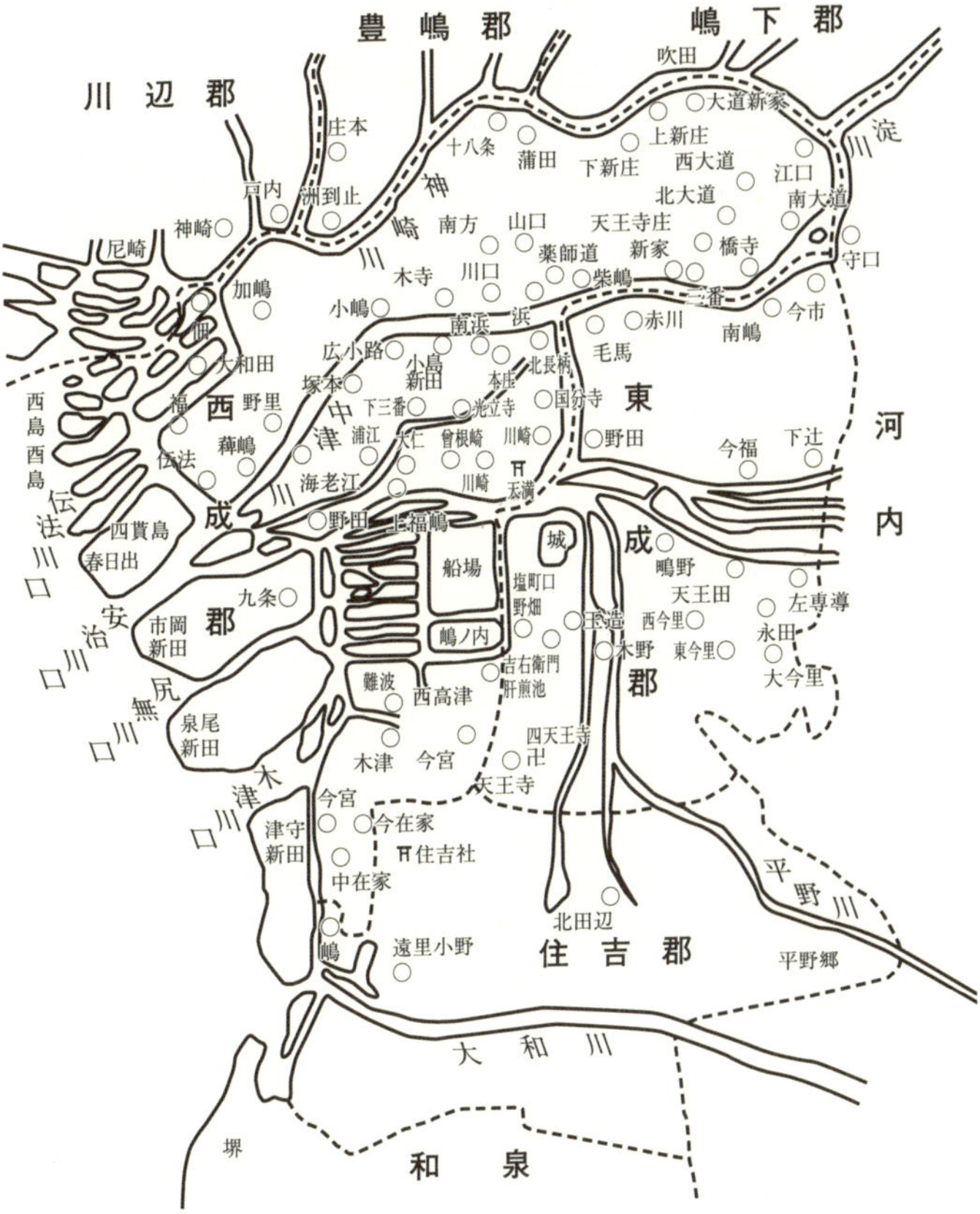

大坂三郷周辺の農村（大阪歴史学会編『封建社会の村と町』所収、小林茂「近世大阪における“青物”の流通問題」より）

このような大阪の歴史的動向と背景のなかで、大阪の伝統野菜が栽培・生産から取引・流通、料理・消費まで含めた日本の野菜文化にどのような役割を果たしてきたかを考えるとともに、最近注目されている「大阪学」の拡大と深化に貢献したいという狙いをもっています。

二　大阪の伝統野菜とはなにか

大阪の伝統野菜の定義

ここで、大阪の伝統野菜とはなにかを説明しておきます。それは「近世期以降のなにわ大阪の歴史と、淀川や大和川などの河川や豊かな瀬戸内海に開けた商産業都市大坂を中心とする摂河泉の地域風土や、全国との交流によって創られ栽培され改良され、その形状や風味や食味に特徴があり、本来の『なにわ料理』の素材や料理方法に必須の野菜（品種や系統）」をいいます。具体的には次の野菜を指します。

一　近世から明治末期までに導入され、栽培されている経歴をもつもの
二　大阪府内（摂津の一部、河内、和泉）を対象とするが、近世大坂は生活物資の集散地であったことを考慮して、五畿内産（摂河泉に大和、山城の国）野菜を参考にする
三　すでに大阪府内で絶滅したり、栽培されていない野菜も対象とする
四　本来大阪産野菜であるが、府外に産地移動してしまった野菜も重視する

大坂城落城後、家康の命により松平忠明《ただあき》がもっぱら大坂町場の復興に取り組みます。その中心は船場の整備であり、伏見《ふしみ》商人の強制移住や堺《さかい》商人の流入により、商業および職人の都市としての体制ができ上がります。当時の大坂とは「大坂三郷」をいいますが、一は、この都市大坂の再建時およびそれ以降、つまり一七世紀から作られていた野菜を指しています。二の現在の大阪府域は摂津の国七郡（住吉《すみよし》、東生《とうせい》、西成《にしなり》、島上《しまがみ》、島下《しまげ》、豊島《とよしま》、能勢《のせ》）と河内、和泉の二国全部を指します。近世期当時、大坂三郷の周辺農村では米、綿、菜種などの農業生産が中心で、すでに商業的農業段階に入っており、全国的にみても最高の生産力水準にありました。後で詳しくみますが、野菜も難波、木津を含む畑場八ヵ村で多種大量に生産されていましたし、近世中後期には河内や和泉でも地域の風土的特徴を活かした特産野菜が多く作られるようになりました。これらの野菜が現在まで三、四百年にわたって綿々と栽培され販売され続け、大阪料理に利用されていることは驚くべきことです。だから伝統野菜として注目される価値があるのです。つぎに三についていえば、たとえば近世初期に淀川べりの毛馬《けま》村原産の「毛馬きゅうり」は細長く、シャキシャキした歯ざわりがよく、初夏の風味がするとして有名でしたが、大阪町場の拡張により絶滅したと思われていました。ところが、最近その原種の種が見つかり、大阪府立農林技術センターで試験栽培と普及に取り組んでいます。これも大阪の伝統野菜として取り上げます。また四の事例としては、カンピョウ（干瓢）や守口ダイコンは大阪で作られていましたが、すでに関東や愛知に主産地が移動しています。その経過は面白い物語がありますが、それは別に紹介するとして、これらの野菜も大阪の伝統野菜の対象にしたいと思います。

大阪の伝統野菜二十三品目

このような四つの基準から大阪の伝統野菜の代表を選ぶと、次の二十三品目になります。

（1）ダイコン（大根）
（2）カブ（蕪）
（3）ゴボウ（牛蒡）
（4）レンコン（蓮根）
（5）サトイモ（里芋）
（6）クワイ（慈姑）
（7）ニンジン（人参）
（8）ナス（茄子）
（9）キュウリ（胡瓜）
（10）ユウガオ（夕顔＝干瓢）
（11）シロウリ（越瓜）
（12）トウガン（冬瓜）
（13）カボチャ（南瓜）
（14）ミズナ（水菜）
（15）オオサカシロナ（大阪白菜）
（16）ネギ（葱）
（17）チシャ（萵苣）
（18）フキ（蕗）
（19）ウド（独活）
（20）ソラマメ（空豆、蚕豆）
（21）エンドウ（豌豆）
（22）タマネギ（玉葱）
（23）キャベツ

品種については、たとえばキュウリやナスを例にとっていうと、大阪でしか作られておらず、しかも毛馬キュウリや水ナスのように、現在大量に生産され流通している白イボキュウリやナスとは形状も風味も異なるものをあげています。

遺伝資源調査結果

種　類	品　種　名	生産地域
タマネギ	貝塚早生、今井早生、出村早生、大阪中生、大阪中高、泉南甲高、大阪丸＊	泉南
サトイモ	石川早生、唐芋、蓮芋、えぐ芋	南河内、泉南
キュウリ	毛馬＊、大仙節成２号＊、台湾毛馬＊	中河内、泉州
ウ　リ	服部越瓜、黒うり	三島、北河内
ナ　ス	水なす、絹なす、鳥飼、大阪本長＊、みつば＊、泉州水茄子＊	泉南、三島
カブ	うぐいす菜、源八かぶら、とがり（住吉蕪、城島蕪）、切葉天王寺蕪＊、天王寺蕪＊	中河内
ダイコン	田辺（横門）＊、大阪四十日＊、守口＊	中河内、北河内
ニンジン	金時＊	泉南
ソラマメ	河内一寸、芭蕉成一寸	南河内
フ　キ	愛知早生、水フキ＊	泉南、中河内
エンドウ	碓井	南河内
ヤマイモ	自然薯	泉南
ウ　ド	先紫（赤うど、白うど）	三島
クワイ	吹田、青＊、白＊	三島、北河内
レンコン	加賀＊、備中＊	北河内、中河内
トマト	サターン（自家採種の変異系統）	泉南
ゴボウ	高山、越前白茎＊	豊能、中河内
ミズナ	みずな（自家採種）	南河内
チシャ	唐ちしゃ（ちしゃとう、トムギ）	中河内
ツケナ	大阪シロナ＊、黒菜＊	中河内、南河内

＊：1999年加筆（『なにわの伝統野菜』大阪府立農林技術センター、1999年3月）

最近、各都道府県が中心となって国内産であれ輸入ものであれ、旬もわからなくなった現在の野菜に満足できない人々に、それぞれの伝統野菜を広く宣伝しようとする取り組みがなされています。大阪府においても大阪府食品産業協会に「府内産原料活用推進協議会」を設置して、大阪府立農林技術センターとの協力のもとに多くの伝統野菜を発掘し、普及させようとしています。同技術センターは一九八六年に府下の野菜遺伝子資源調査を行い、その結果を前ページの表の通り発表しています。同時に、多種の伝統野菜の原種を保管するとともに、より多くの種子を確保するために試験栽培を継続しており、現代の消費者にも好まれる野菜を開発し普及させようと多くの説明パンフレットを配布しています。

三　「大阪の食い倒れ」の背景と意味

「食い倒れ」の歴史的背景

元禄期《げんろくき》（一六八八〜一七〇四年）以降の近世後期には、三大都市、京都、大坂、江戸の一般庶民の生活をあらわすものとして、「京の着倒れ、大坂の食い倒れ、江戸の呑み倒れ・履き倒れ」といったそうです。京都の西陣で作られた見事な着物は欲しがれば切りがなく、高価な着物に次々とつぎ込んで、それこそ身上《しんしょう》を潰してしまいます。一方、江戸では「宵越しの金は持たねェー」というのが粋な男の心意気であり、稼いだ日銭を酒などに使ってしまったことから言い触らされたものでしょうし、また粋な女性は人目につきにくい草履や下駄に凝るというのが、オシャレであり流行であったといえます。

これに対して、なにわ大阪の場合は、「食い倒れ」といわれる十分な根拠がありました。それを考えるための歴史的背景や環境として次の三つがありました。

第一に、全国的な商業や物流の組織をもつ大都市大坂や堺の存在です。当時の大坂は商人と職人の町であり、周辺地域の五畿内から淀川、桂川、木津川、大和川などを利用して、過書《かしょ》船や在郷剣先《けんさき》船などで多くの青物類（野菜・果物・採取特産物）や特産物や生活物資が搬送されてきました。また、海上では北前《きたまえ》船で蝦夷《えぞ》（北海道）の昆布や北陸・東北の米や紅花《べにばな》などの特産物が大坂にたくさん輸送され、大坂で米や地元の木綿や菜種などとともにその製品が取引され全国に輸送されていました。同時に、全国の各産地から江戸へ直接出荷するようになる近世後期までは、大坂で取引されて江戸へ米や酒など多くの物資が菱垣《ひがき》廻船や樽《たる》廻船で配送されていました。つまり、大坂はあらゆる生活物資の集散市場であり、「天下の台所」といわれ、全国各地の美味しいものや珍しいものが溢れていました。文化都市京都も豊富な種類の地元野菜があり、深化し完成した食文化をもっていましたが、大坂のように全国との繋がりは少なかったと思われます。

第二に、宝暦《ほうれき》六年（一七五六）には、大坂三郷の町場は約四十二万人の人口をもち、その上多くの商人や船人や旅人などが集まる密集都市でした。大坂は全国の経済金融の中心であり、近隣五畿内の農民も含めた多くの取引業者が日々集散していました。大坂住民の日常生活は質素でしたが、一歩街にでると有名、無名の料亭、料理屋、飲み屋などがたくさんあるので、行き来する人でも「工商業を荒まず旅客糧をつつまず」と弁当をもつ必要のないことが、『大阪町鑑』（一七五六）に記載されています。つまり、大坂は食べ物が豊富であり、高級から一般大衆向けまで多くの食べ物屋が集中して営業していたということです。

第三に、このような四十万人を超える大都市の人口を支える高い生産力の農業が周辺地域に存在したことです。近世期には米や青物のほかに、衣料用の木綿、灯油用の菜種などの日常生活に欠かせない農産物が摂河泉等の近隣農村地域で生産され、後章で触れるように、船や車で搬入され販売されていました。これらの生産のために干鰯《ほしか》や屎尿《しにょう》や油粕・綿粕などの金肥《きんぴ》（購入肥料）を使用して、高い反収と良質の生産物をあげていました。五畿内、とくに大坂三郷の近接周辺の農村は全国に先駆けて高度な商業的農業段階に入っていたのです。

結局「食い倒れ」とは

以上のことを考慮すると、大坂の町はまさに「天下の台所」であり、食文化の中心都市でした。大坂の特徴を表す「大坂の食い倒れ」とはよくいったものと感心します。もちろん、この解釈に対して次のような意見もあります。それは大坂には橋と堀が多かったので、橋桁や堀割の杭が腐ったり、ごもく（ごみ）が引っかかって倒れたりするので、「大坂の杭倒れ」という説です。しかし、「京の着倒れ、大坂の食い倒れ、江戸の呑み倒れ・履き倒れ」という表現は、基本的には各都市の一般庶民の日常生活を表徴的に表したもので、「大坂のくい倒れ」は「食い倒れ」として素直に解釈すべきでしょう。ただし、大阪で「食い倒れ」が定着したのは明治期に入ってからといわれていますし、特に有名にしたのは戦後に道頓堀《どうとんぼり》に「大阪名物くいだおれ」の屋号で食堂ビルを作った山田六郎だったといえます。

四　大坂庶民の食生活

庶民の日常の食事

江戸時代の風俗を詳細に書き記したものに有名な守貞謾稿《もりさだまんこう》の『近世風俗志』がありますが、これは天保《てんぽう》八年（一八三七）から嘉永《かえい》六年（一八五三）まで見聞したものを書き綴ったもので、当時の庶民の食生活を推察するのに非常に役立つ史料です。

それによると、京都・大坂・江戸の三都では一般には普段の主食は粳米《うるちまい》で、他の穀物は入れない「こめの飯」または「しろ飯」でしたが、田舎の一般の家では麦飯にトロロをかけ、さらにあぶり青海苔や大根おろしなどを加えて食べていたそうです。大坂と京都では昼食にご飯を炊き、煮物か魚類、味噌汁など二、三種を食しましたが、朝食と夕食は冷飯と香の物でした。しかし、冬は朝夕に冷飯を茶漬けで食べるのは冷たくて良くないので、前夜の残り茶に塩と冷飯を入れて暖かい「茶がゆ」として食べたり、薩摩芋を入れて「芋がゆ」として食べました。さらに、春の永日には未《ひつじ》ノ刻（午後二時）ころに「八ッ茶」として点心《てんしん》や茶漬けを食べることが多いのですが、冬の短日にはこれは食べなかったそうです。このように、「茶がゆ」や「芋がゆ」は貧困な大和だけのようにいわれて来ていますが、当時の大坂も京都も普段はあまり変わらない食生活であったようです。

江戸末期に大坂奉行として赴任した久須美祐雋《くすみゆうせん》は、江戸と大坂の庶民生活や風物を比較した随筆『浪花の風』を安政《あんせい》三年（一八五六）に起筆していますが、その中でも「食物朝は茶粥を食うこと、京都同様にて、市中上下一般なり。中より以下は前日飲余りの茶しるへ水を足し、是を烹《に》出し、夫《それ》へ残飯を入れて粥《かゆ》となし食す。豪富の家にても、朝は新たに茶粥を炊いて食うという。味噌汁を食うことは、中食《ちゅうじき》のこととす」と書いています。さらに、『守貞謾稿』にも、大家族や大店舗では三度ごとに飯を炊き、三度ごとに菜汁を合わせる場合もありますが、それはまれであり、また三食のうち二回炊いたり、小家族でも必ずしも一回だけしか飯を炊かないということはないといっています。このようにみてくると、当時の庶民の食生活は貧しく潤いのないように思われますが、必ずしもそうではありませんでした。

年中の定《きま》りの食物と旬《しゅん》のもの

それは現在とは違って年中の定りの食べ物と時期・旬のものがはっきりしており、庶民もそれを楽しんで守っていました。例えば、さきの『浪花の風』には次のように記されています。

正月、二日、十日　焼物に塩鯛か塩鰯
屠蘇《とそ》の肴《さかな》は数の子、牛蒡《ごぼう》、ごまめの一式
茶菓子は西条柿、蜜柑、昆布に限る

年越し（一月六日）
十日夷《えびす》（一月十日）
上巳《じょうし》（三月三日）
端午《たんご》（五月五日）

暑中の贈答
七夕
盆の十六日
八朔《はっさく》（八月一日）

月見

重陽《ちょうよう》（九月九日）

十三夜

元日の雑煮は餅、味噌汁に昆布、芋、焼き豆腐、大根を入れる
二日の雑煮はすまし雑煮で、餅、水菜以外は入れない
一般に麦飯にとろろ汁をかける
塩鯛、年始客への肴は塩ぶり
小赤豆飯、白酒（桃の節句）
汁に蕗《ふき》、茗荷《みょうが》の子、小赤豆、細根大根、あぶら物
焼物は塩さわら、柏餅は希《まれ》、すべて茅巻《ちまき》
素麺《そうめん》
西瓜《すいか》、冷し素麺、焼物にはかます、飯の菜にはてんぷら
貴賤《きせん》ともさし鯖（塩さば）焼き
小豆飯で祝う
都では毎月朔望（一日と十五日）に赤豆飯多い
きな粉やあんを付けた団子、汁煮にすることは希
芋を賞玩《しょうがん》するので、十五夜の月を「芋名月」という
栗、柿、葡萄《ぶどう》を食べる、家々では来客に出す
烹物には松茸、魚はハモが通例
茹で豆を多く用意しておき、家内や下女下男まで食べさせるので、
十三夜の月を「豆名月」という

節分・大晦日　　上下とも麦飯を炊き、赤イワシを添えて祝う。これは江戸で蕎麦《そば》切りを食すのと同じ

これをみると、庶民の食生活の中に多くの季節、季節のしきたりがあり、普段の冷飯や粥を主とする質素な食事にアクセントをつけ、いかに季節の食事を楽しんでいたかがわかるでしょう。

多種類の農産物や加工品の存在

さらに、久須美祐雋は大坂の食べ物を江戸のものと比較して批評していますが、『浪花の風』に挙げられている食料作物と加工ものを整理してみると次のようになります。

穀類　米（粳《うるち》、糯《もち》）、そば、麦（丸麦、割り麦）、うどん

豆類　赤小豆、平豆、そら豆（はじき豆）、隠元豆《いんげん》（藤豆）、江戸豆（隠元豆）、十六ささげ、白豆、枝豆、えんどう豆、豆腐

野菜　蘿蔔（大根）、蕪《かぶ》、茄子《なす》（長茄子）、葱《ねぎ》、蓮根《れんこん》、竹の子、牛蒡、長芋、薩摩芋（赤身、青身=水芋）、里芋、水菜

瓜類　白瓜、冬瓜、まくわ瓜（銀まくわ）、西瓜

果物　枇杷《びわ》、桃、梨、栗、葡萄、柿（西条柿）、なつめ

これは渡邊忠司『町人の都・大坂物語』から引用して加筆したものですが、同書に「もちろん、これらをいつもいつも食卓に載せていたわけではない」と書いていますが、当然旬のものを大事にしていたのは庶民も同じであり、いつもではなく季節、季節にはそれらの農産品や魚を食べて

いたと推定されます。さらに、次の生産のところで指摘するように、葉茎菜類は水菜だけしか記されていませんので、豆類、根菜類、果菜類が副食の中心であったことがわかります。また、大坂三郷では、家より一歩外に出ると、高級料亭や料理茶屋や仕出し屋から一般大衆向けの茶屋、小料理屋、うどん屋、寿司屋、蕎麦屋、天ぷら屋など、全国津々浦々からの珍しい食材を使った料理なども食べることができ、都市住民の大きな楽しみの一つでもありました。「浪花料理屋の番付け表」なども公表されていました。したがって、一般庶民も平素の食生活に旬のものを加えて楽しみ、さらに家外ではたまには身分に合った食事もしていました。その上、慶弔《けいちょう》の行事には必ずハレの食事がつきましたので、庶民の食生活もそんなに質素・倹約ばかりではなく、メリハリがあったと考えてよいと思います。

五　大阪の伝統野菜はどこで作られていたか

近世前期の野菜供給地「畑場八ヵ村」

元来、野菜（当時は青物あるいは蔬菜と表現）は、収穫したものは消費地に迅速に輸送しなければ価値が低下します。特に、葉茎菜類や果菜類は腐敗が速いのですが、当時の輸送手段としては船か荷車（代八車やべか車）しかありませんでした。したがって、根菜類や一部の果菜類は少し遠方からも搬入できましたが、葉茎菜類などは消費地の近郊でしか販売目的の生産は出来ませんでした。もちろん、根菜類も町場の近郊でも栽培されていましたし、それらを加工して保存食として利用されてもいました。つまり、多くの野菜などは一般にそれぞれの地域で生産され消費されており、地域的特徴ある野菜が育成され有名な土産物として定着していきます。

近世前期における大坂三郷への野菜、とくに葉茎菜類の野菜の供給産地としては、その周辺農村と埋立新田が高い集中度を保っていました。特に、難波・木津などの南部隣接地の畑場八ヵ村（摂津国西成郡難波村、木津村、今宮村、西高津村、勝間村、今在家村、中在家村、吉右衛門肝煎地）と天満村や曽根崎村などの北部近郊地域が有名でした（地図を参照）。畑場八ヵ村はもともと天満砂堆《さたい》地《ち》と並んで難波砂堆地域であり、水田稲作は不可能でしたので、藍《あい》作や綿作から水捌《は》けのよい耕地を好む野菜生産の供給基地として展開してきたのでした。ホウレンソウ、ダイコン、カブ、ニンジン、ウリなどの多種の野菜が多毛作型で栽培され、官許天満青物市場へ車で運んでいました。北部の天満宮前長ダイコンなどもこれと同様に生産されていました。

例えば、摂津国西成郡新家村の『諸作物種蒔・刈入旬書上帳』（享保《きょうほう》十五年＝一七三〇）によると、次のような多くの作物が栽培されていたことがわかります。つまり、主雑穀類や豆類の自家用主食を確保しながら、販売目的の多くの野菜や工芸作物など、作れるものは何でも栽培する方法でした。おそらく、この他にも家庭菜園的に作られていた野菜がもっとたくさんあったと推定されます。

穀類↓稲、大麦、小麦、蕎麦、稗《ひえ》、黍《きび》、粟《あわ》
豆類↓大豆、空大豆、小豆

野菜→奈瓜、茄子、胡麻、牛蒡、大根、芋
工芸作物→木綿、菜種、煙草など

史料などによる推定―根菜類と瓜類が中心

近世期当時の大阪地域全体の野菜等の産地の状況を推測するには、『毛吹草《けふきぐさ》』（寛永《かんえい》年代＝一六二四～四四）、『摂陽群談《せつようぐんだん》』（元禄十四年＝一七〇一）や『五畿内志』（享保十九年＝一七三四）などの史料を利用するしかありませんが、作物ごとの生産数量は記録されてないので不明です。しかし、このような有名な史料に挙がっているからには、それぞれの村では目立った特産物であったといえるでしょう。そこで、これらの史料を整理して、青物（野菜）だけを挙げてみると次のようになります

『毛吹草』に挙げられている野菜はそんなに多くありません。この本自体が松江重頼《まつえしげより》が編集した貞門《ていもん》俳諧の手引き書であったために、地誌ではなく地域の目立った特産物だけを挙げているためです。

［摂津国］
天満宮前大根　難波干瓢《かんぴょう》
天王寺蕪《かぶ》　今宮千生瓢簞《せんなりひょうたん》
木津瓜
［河内国］

菱《ひし》　瓢箪
蓮根・同葉小角豆《ささげ》
大荍《おおまめ》

［和泉国］
　紬松瓜《へのまつうり》　芥子《けし》

やはり大坂三郷を取り巻く摂津国の物に有名なものが多いことがわかりますが、瓜類と根菜類しかあげられていません。もちろん、ホウレンソウ（菠薐草）などの葉茎菜類は多く作られていましたが、まったく表れてきません。おそらく、ここにあげられたものは俳諧の面からみて題材になるものであって、余りにありふれたものはあげられなかったものと思われます。

次に、摂津国の地誌である『摂陽群談』には、もちろん摂津国だけの記録ですが、もっと詳細な特産物があげられています。

［東生郡］
　天王寺村—天王寺大根、天王寺蕪《かぶ》　阿倍野村—大豆、小豆
［西成郡］
　木津村—蕪、大根、越瓜《しろうり》、干瓢　江口村—大根　長町—人参葉　海老
　江村—冬瓜《しろうり》　大坂天満宮—宮前細大根　勝間村新家—白茄子
［住吉郡］
　桑津村—大根　遠里小野村—瓜、姫瓜

［島下郡］
吹田村―クワイ
［豊島郡］
上津島村―椋橋大根
［能勢郡］
郡全体―牛蒡

このほかに、西成郡の今宮村、長町、難波村では食用ではありませんが、大阪のシンボル千生瓠（センナリヒョウタン）や薬草なども作られていました。この史料で目立つ特徴は、元禄期当時には、西成郡と東生郡に多くの種類の野菜が生産されていたことと、全体として根菜類や瓜類が多いことです。なかでも、天王寺カブは非常に有名でしたので、西成郡の木津村や今宮村、さらには住吉郡まで作られたものが「天王寺カブ」の名で売られていました。もちろん、多種の葉茎菜類も作られていましたが、自家消費用も多くあり、販売目的の生産は二次的であったと推定されます。しかし、畑場八ヵ村の地域に野菜青物の生産が集中しており、約五十町（五・五キロ）も離れた天満青物市場へ町場を横切って運んでいました。

摂河泉の野菜

摂河泉の野菜　さらに、それよりも三十年余り後の享保期末に書かれた『五畿内志』によると、次のように一層詳細で多数の野菜が列挙されています。

《摂津国》

東生郡　赤小豆―阿倍野村　蕪青《かぶ》、大根―天王寺村　越瓜《あさうり》―今市村、荒生村　葱《ねぎ》―荒生村

西成郡　ほうれん草―木津村、難波村、天満村　三葉芹、大根―木津村、江口村

長（細）　大根―天満宮前　冬瓜―海老江村

住吉郡　芹《せり》―刈田村　大根―田辺村、桑津村

島下郡　くわい、芹―吹田村

豊島郡　大根―椋橋荘　甜瓜《まくわうり》―庄本村　くわい―池田村

能勢郡　蜀椒《さんしょう》―長谷村、上杉村、吉川村、倉垣村、垂水村

《河内国》

石川郡　赤小豆―郡全体　芹―芹生村

茨田郡　ほうずき―門真二番町　茄子《なす》―浜村　甜瓜―諸口村　胡瓜《きゅうり》―永野村　西瓜《すいか》―横地村

渋川郡　越瓜―荒川村　牛蒡《ごぼう》―竹淵村　蕗《ふき》―高井田村

交野郡　茄子―茄子作村

大縣郡　牛蒡―雁多村、尾畑村

高安郡　蚕豆《そらまめ》―郡全体

志紀郡　南瓜《かぼちゃ》―沼村

《和泉国》

大鳥郡　甜瓜―舳松村

和泉郡　大根―信太郷上野原　牛蒡―大沢諸村　芹―府中村

これによると、やはり根菜類と瓜類がほとんどで、葉茎菜類では東生郡荒生村のネギ、西成郡木津村・難波村と天満村のホウレンソウ、高井田村のフキ、住吉郡刈田村、島下郡吹田村、和泉郡府中村のセリが挙がっているだけです。根菜類と瓜類は比較的輸送能性をもっているので、大阪三郷から比較的遠方でも栽培し販売しており、いろいろな手段で貴重な野菜類を運搬していたものです。これに加えて、元禄期に大坂内海への新田開発が最も盛んに行われましたが、中でも市岡新田、泉尾新田、四貫島新田などで、市岡スイカのように風味がよいことで有名になった野菜が多く出てきました。泉尾新田でも麦、菜種のほかに、文政《ぶんせい》期（一八一八～三〇年）頃から夏物のスイカ、シロウリ、マクワウリ、カモウリ、ナス、キュウリ、オタフクママメ、インゲン、ササゲなどの野菜の生産が盛んで、ミョウガ、トウガラシ、カボチャ、ネギ、カンピョウなどの多種で良質の野菜が作られていました。

大坂の拡大と作物変化

大坂の拡大と作物変化により、近郊農村の作物選択も都市の拡大とともに大きく変化していきました。たとえば畑場八ヵ村の中心であった難波村の作物変化をみると次の通りです。

享保十年（一七二五）当時

〈冬春期〉　麦作―六〇パーセント

菜、大根、ねぶか（ネギ）、人参、わけぎ、かしぎ類―四〇パーセント

〈夏秋期〉

藍（アイ）、木綿作―六〇パーセント

茄子、干瓢、白瓜、西瓜、冬瓜の他に季節の青物―四〇パーセント

文化《ぶんか》二年（一八〇五）当時

稲作、木綿作は一切なし

すべて雑事場《ぞうじば》で野菜類を作る

安政五年（一八五八）当時

水田（田方）も畑（畑方）に転換

木綿作―二〇パーセント

藍作、雑事作（野菜）―七〇パーセント

その他―一〇パーセント

ここで表われる「雑事場」は農家などの屋敷内に藍や葱や瓜などの多数の野菜を家庭消費用に作る土地をいい、また「雑事作」とは雑多な野菜作のことです。近世期の年代の経過とともに都市化と拡大によって、近郊農村の作物は米麦から収益の高い野菜類に移行していった様子がわかります。つまり、これらの地域は野菜の拡大を通してますます販売目的の商業的農業へ展開していきました。文化四年（一八〇七）には野菜を扱う村内商人としての「青物渡世」は五百二十九人もおり、村の大半が野菜取引に従事していましたから、難波村の人たちは野菜の生産と取引で生活していたといっても過言ではありません。

他の五畿内産野菜

それでは、享保末期の『五畿内志』が出版された当時、摂津国西部、山城国南部や大和国ではどのような野菜が名品土産物として作られていたのでしょうか。それらの地域の野菜類を挙げると次の通りです。

《摂津国西部》（兵庫県東部）
川辺郡　蓴菜《じゅんさい》―昆陽池　蜀椒《さんしょう》―槻並村
武庫郡　西瓜―鳴尾村
菟原郡　生田若菜―中尾村
《山城国南部》（京都府南部）
久世郡　牛蒡、越瓜、茄子―佐山村　生姜《しょうが》、やまの芋―枇杷庄村、富野村、長池村、観音堂村
綴喜《つづき》郡　春盤菜（七草）―大住村
相楽郡　甜瓜―狛村　大根―梅谷村　牛蒡―瓶原郷《みのはらごう》
《大和国》（奈良県）
添上郡　大根―永井村、隣村
添下郡　牛蒡―秋篠村
平群《へぐり》郡　牛蒡、つくねいも―平群谷、生駒谷
広瀬郡　蕪青《かぶ》―細井戸ノ荘

吉野郡　人参―郡山中
宇陀郡　人参―室生山　つくねいも―郡内諸村
式上郡　芹―芹井村　牛蒡―小夫村
式下郡　白甜瓜―石見村　葱―結崎荘
山辺郡　白甜瓜―田村、丹波市村

これらの野菜作をみると、各郡ともそれほど目立った種類は多くなかったこと、やはり根菜類がほとんどであり、瓜類が二、三みえる程度であることがわかります。葉茎菜類としては、大和国式上郡芹井村のセリと式下郡結崎荘のネギぐらいしか挙げられていません。もちろん、それぞれの地域や村で多くの種類の葉茎菜野菜を作っていましたが、それこそ雑事場で自家消費用か村内消費向けのもので、取り上げるほどのものではなかったものと思われます。

六　近世末期から明治期の大阪野菜の生産

都市拡大と野菜産地の移動

近世期末になると、大坂綿作や菜種を代表とする高い生産力の大坂農業も、全国各地に展開していた農業生産の飛躍的発展により、相対的な低下は明白なものとなっていきました。それとともに、大坂市場の物資の供給基地としての役割も、その集散量の減少により機能低下となって表れました。つまり、全国の農業の発展は大坂の集散市場から独立して流通するようになったのです。

大坂自体としても、都市発展つまり近郊地域への都市化と都市拡大によって、畑場八ヵ村も含めた野菜産地は、地域的再編と拡大が進行していきました。それは大坂三郷の町場の拡大と野菜需要の増大によって、隣接農村の農地縮小と収益性の高い野菜作への集中と集約的生産への方向でした。しかし、種々の史料によると、近世後期は自然災害や幕府による統治制度の色々な矛盾の現れとして多くの農民一揆が勃発して、一般に農業生産は停滞していました。この中でも野菜産地の再編と集約化の傾向は文化・文政期（一八〇四〜三〇）から徐々に進行しますが、明治期（一八六六〜一九一二）には特に顕著になりました。大阪の都市拡大は工場と住宅の建設と役所、学校、鉄道、道路などであり、近接地域の農地は著しく縮小しましたが、野菜などの生産地帯はさらに外周部へと広がっていきました。この都市化の過程で、天満の宮前大根や毛馬の胡瓜などは完全な市街地化によって、当地での生産は消滅しました。他方、大坂の摂河泉地域においては、たとえば和泉国の「水茄子」のように、それぞれの郡村内消費向けの小規模の土産物も、大坂全体に対しても有名になっていくものもありました。まさに、当時は野菜生産の地域的再編が著しく進行しました。

明治二十二年に大阪市が成立し、明治三十年にその周辺地域を含めた第一次市域拡張、さらに大正十四年に第二市域拡張が行われ、現在の大阪市に拡大したのです。大阪府の場合はもっと複雑で、明治元年大阪府となりますが、堺県は河内国や和泉国、さらには奈良県も含めた独立県でした。それが奈良県が独立し堺県域を吸収して、現在のような大阪府になったのは明治二十年からでした。この間に、造幣局の他に紡績産業や鉄鋼所をはじめ多種の近代産業が立地してきたので、市街地は外部周辺に大きく拡大していきましたが、その反面多くの農地が潰れることによって、南の畑場八ヵ村や、北の天満周辺の村々やまた西の新田で作られていた名物野菜もだんだんに消滅したり、他の農村や他県へ移動してしまいました。つまり、大阪の伝統野菜の衰退と絶滅です。もちろん、明治期に導入された野菜もありました。

明治前期の作物構成

次の図は、明治十六年当時に摂津地域でどの様な農作物が作付けられていたかを見たものです。この図からつぎの点を指摘できます。時代は異なりますが、『摂陽群談』などの史料には表わされていなかった多くの野菜類が実際には作られていたこと、やはり病虫害の被害が少ない根菜類や果菜類が多く、春夏期の葉茎菜類は見られないこと、製糖には重要な甘蔗《かんしゃ》はあまり作られなくなったこと、畑の表作として新しく甘藷が作られていること、水稲も早生、中生、晩生の専用品種が栽培されていること、などです。このように、時代や環境の変化とともに作物・品種や栽培方法が徐々に変わり、大阪農業全体も雑穀、工芸作物、果樹などの縮小と野菜園芸作物の増大という近郊農業の方向に必然的に変質していきました。

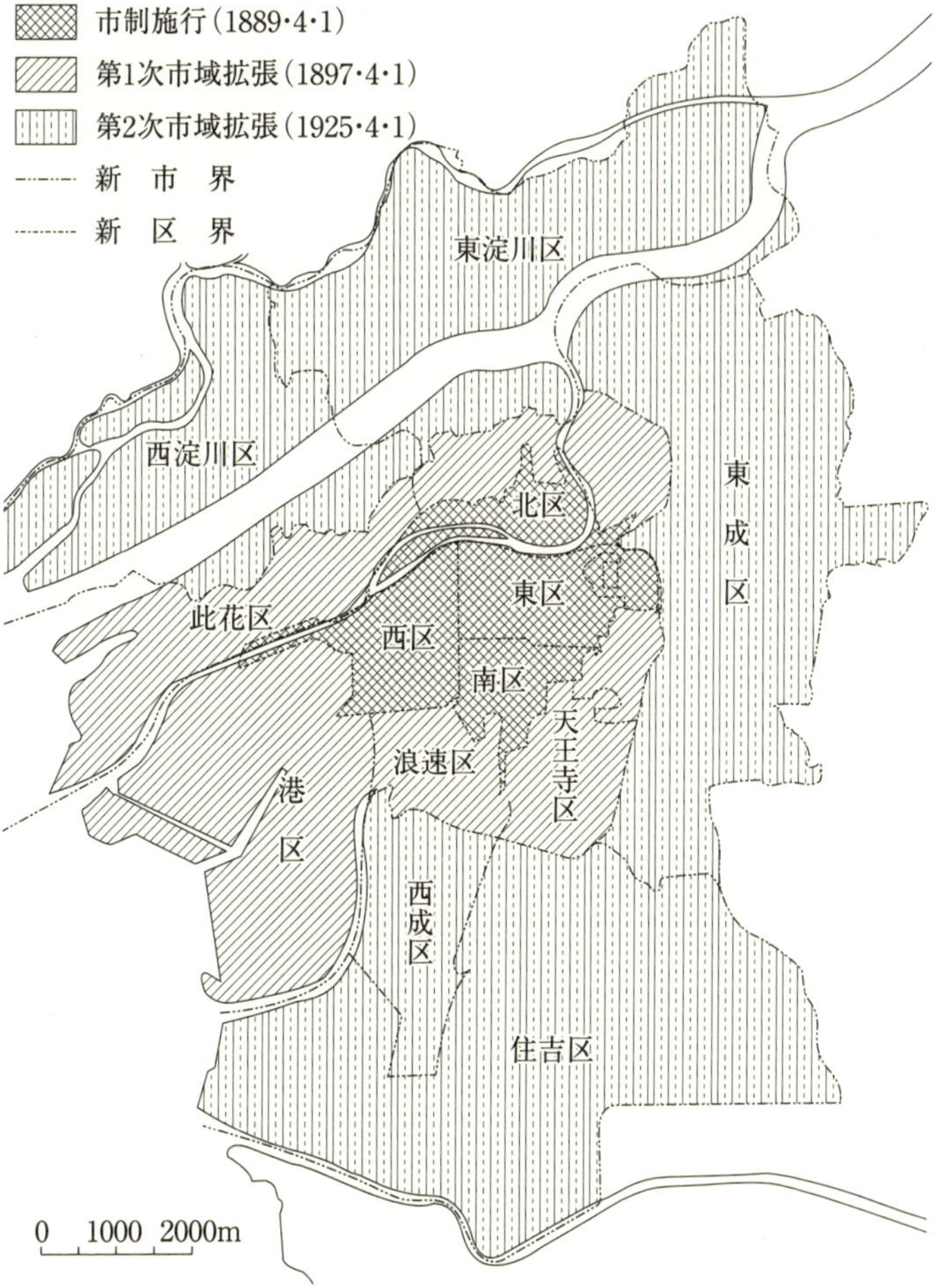

大阪の第二次市域拡張（1925年）（『新修大阪市史』第7巻より）

農作物作付収穫時期（摂津国、明治14年当時）

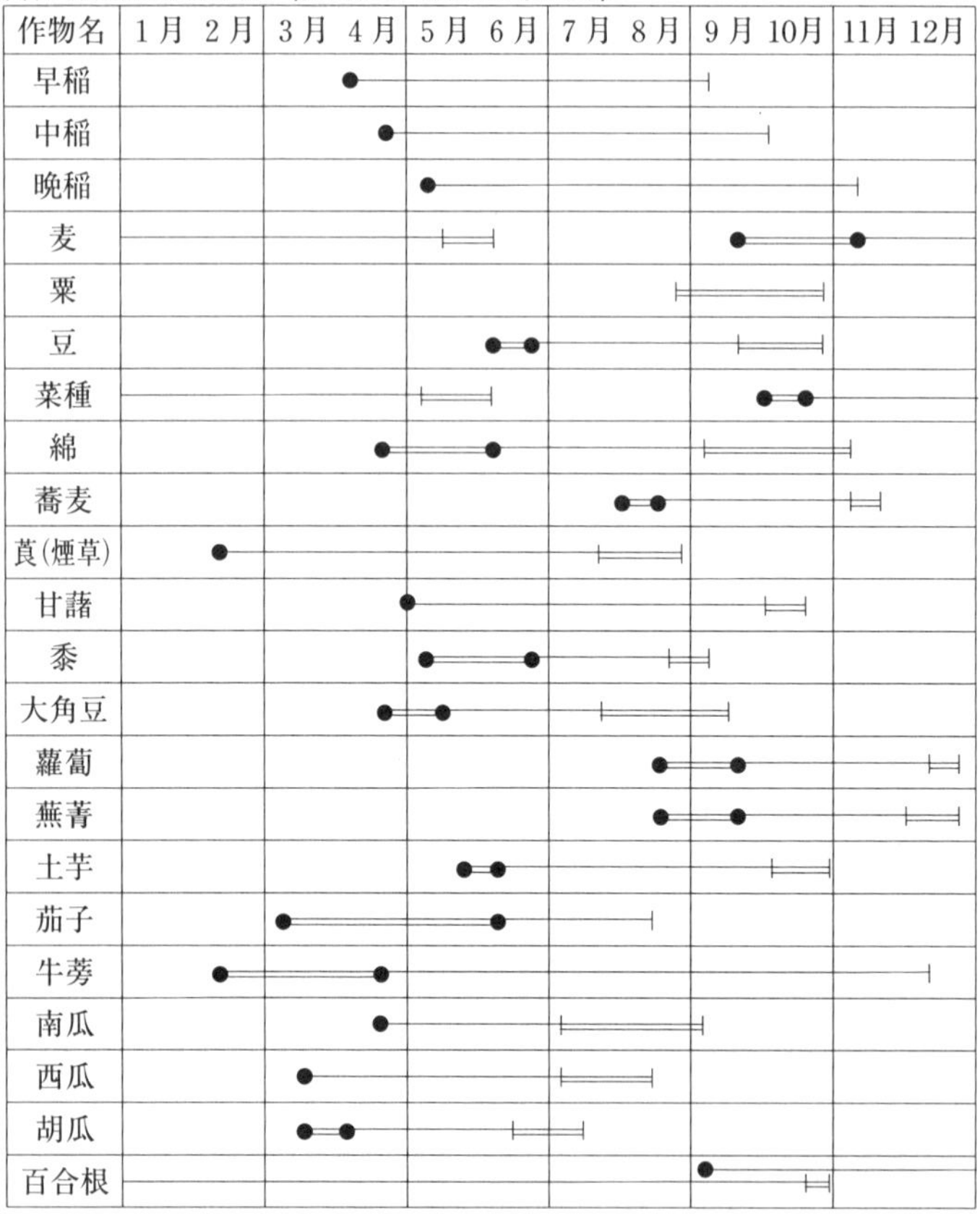

●印は播種または植付、●━●はその期間。｜印は収穫、├─┤その期間。
（『大阪府統計書』明治14年のデータから作成）

明治中後期の作物構成の変化

この傾向は明治二十年と三十年の統計記録からも読み取ることができます。もちろん、明治三十年の統計は詳細で完全なものですが、明治二十年のものは米穀、工芸作物、豆類、いも類が中心で、野菜類は大根（蘿蔔）しか記録されていませんし、大阪市域の作物生産の表示はありません。先の図によると、多種の野菜が明治十四年に作られていたことがわかりますが、まだ統計上には表わされていなかったのです。このことを考慮して表をみると、次の点が推察されます。第一に、大阪府全体としても、また地域的にも作物生産構成が大きく変化していることです。特に、甘蔗や菜種や実綿の生産は激減しています。和泉と河内では甘蔗、摂津と河内では実綿の落ち込みは目に余るほどですが、いずれも沖縄産や台湾産の砂糖の輸入の増大や、インド綿糸の輸入の激増によるものです。

第二に、いも類の激増です。特に甘藷《かんしょ》は省力的でエネルギー源作物として大阪市域に多く作られるようになったことが判ります。馬鈴薯も市域で増加しています。

第三に、明治二十年ころには、大根は和泉や河内地域でも百三十万貫以上生産されていましたが、同三十年にはそれぞれ半分近くに激減するなかで、大阪市域としては三百五十万貫に近い生産をあげ、府全体としても大きく増加しているのです。

第四に、大阪市域ではこの大根を中心として人参、蕪、牛蒡、葱、西瓜など多種の野菜が作られ出荷されていました。このほか、桃、蜜柑、柿なども生産されていて、大阪市域は高い生産力

明治20年と30年の作物収量の比較　　　　（単位：石、貫）

作物		大阪市域	摂津（含大阪市）	和泉（含堺市）	河内	大阪府
穀物	米		321,584	185,009	406,987	913,580
		32,794	324,822	166,065	291,086	781,973
	三麦		97,766	92,070	204,531	314,751
		30,256	161,395	90,734	140,990	393,119
	雑穀		995	778	1,369	2,741
		−	905	1,168	437	2,509
豆類	豆類		6,097	9,598	14,369	30,063
		9,727	18,117	2,600	13,667	37,061
いも類	甘藷		314,271	1,956,184	1,407,343	3,677,798
		1,414,047	1,884,080	2,309,150	1,430,702	5,633,940
	馬鈴薯		227	500	−	727
		15,300	15,725	700	8,344	24,769
工芸作物	甘蔗		1,926	5,682,706	1,321,324	7,005,956
		−	4,750	2,088,380	325,650	2,418,780
	菜種		35,664	32,758	47,415	115,837
		11,227	34,870	22,753	31,450	89,073
	煙草		6,785	45,416	12,043	64,244
		−	8,164	72,795	28,055	109,014
	藍葉		50,787	3,672	−	54,459
		60,600	66,350	360	160	66,870
	実綿		1,447,976	430,964	1,181,574	3,060,514
		225,671	254,328	205,911	402,453	862,690
野菜	大根		1,379,230	1,319,168	1,349,689	4,048,087
		3,455,243	3,903,814	732,049	714,080	5,961,856
	人参	48,400	48,400	21,480	−	69,880
	蕪	32,000	241,850	70,000	4,030	325,880
	牛蒡	43,500	69,400	6,395	20,612	96,408
	生姜	−	12,600	87,633	−	100,233
	葱	1,500	125,110	3,160	2,825	131,095
	西瓜	17,940	17,940	46,280	−	64,220
果実	ミカン	1,332	360,521	795,677	217,506	1,373,704
	カキ	3,520	238,630	55,751	104,234	398,615
	ブドウ	−	4,680	549	15,165	20,394
	モモ	55,087	189,727	7,299	78,047	275,075

各作物の上の段は明治20〜21年、下の段は明治30年の収量。人参以下は明治30年の数字。穀物の単位は石（＝180.39リットル）、他の作物の単位は貫（＝3.75キログラム）。『大阪府統計書』明治20、21年度、明治30年度から作成。

で多くの農産物を栽培して、他の地域をリードしていました。

もちろん、大阪府内の各地域もそれぞれの風土に合った野菜や果実などの園芸物の生産が拡大し、雑穀、豆類、工芸作物の生産は縮小していきました。このような中で、従来の野菜や他の作物の激減があり、新しい作物の導入があって、それぞれの作物の主産地が形成され維持されてきましたが、大きな流通環境の変化の中でも、大阪府下では今でも多くの伝統野菜が農家や農林技術センターなどで栽培され続けられています。これは大阪府にとって伝統野菜は、かつて「天下の台所」であった大阪の食文化を考える上で貴重な財産であり、その良さを再評価することを通して、現代の食生活に何らかのインパクトや提言ができればと望んでいます。

明治後期の郡・市地域図

注・一、明治二十二年四月、大阪・堺、市制施行
二、明治二十九年四月九郡(西成・東成・三島・豊能・泉北・泉南・北河内・中河内・南河内)に統合
三、大正十四年四月、西成・東成・両郡、大阪市に編入

江戸時代の摂津・河内・和泉の郡別略図

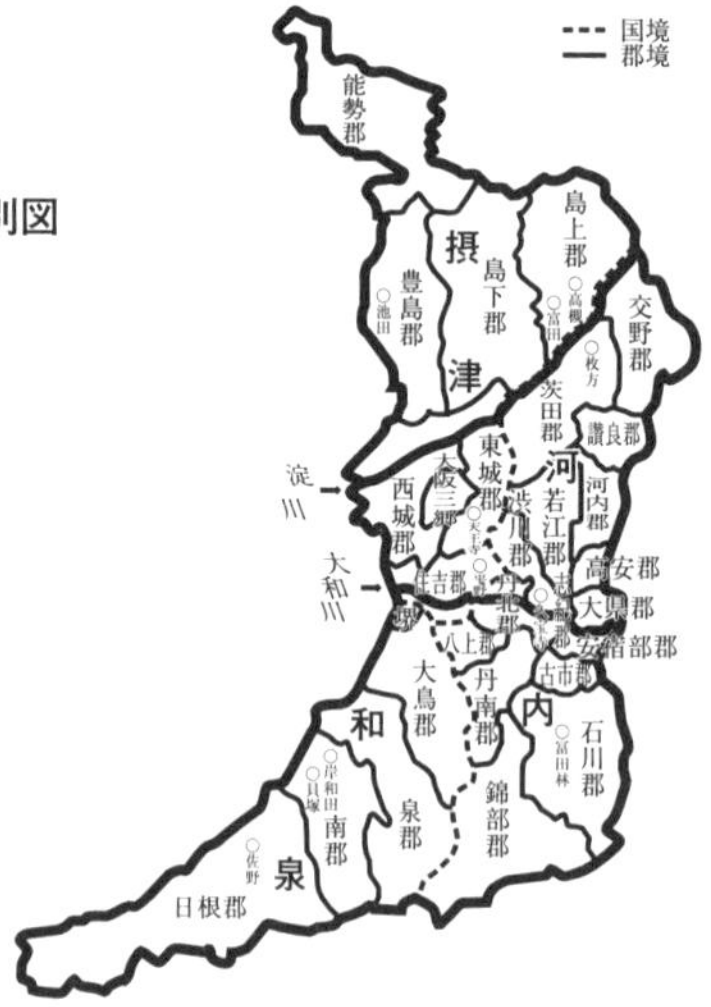

江戸、明治期における郡別図

第二章　なにわ大阪伝統野菜の数々

※野菜品目の下の写真は、主にその野菜の花を使用しています。

ダイコン（大根）

古くから大量に生産されていたダイコン

ダイコンの原産地はいろいろな説があってはっきりしませんが、中央アジアが原産地の一つであるとされており、ダイコンの栽培は中国で始まり、その中心の一つが華南の高地にあるとされています。そして、『爾雅《じが》』（BC四〇〇年）という書物にすでにダイコンが現れています。わが国でも八世紀の日本書紀や古事記に「蘿蔔《だいこん》」、『和名抄《わみょうしょう》』（一〇世紀）には「おほね」と「こほね」とダイコンのことが記述されています。『毛吹草《けふきぐさ》』や『五畿内志《ごきないし》』などによると、府下には天満《てんま》白、守口《もりぐち》、天満細、田辺《たなべ》、椋橋《くらはし》、倉橋、木津《きづ》、難波《なんば》、住吉桑津《すみよしくわづ》、江口、天王寺、宮前と同名異種、あるいは異種同名と推定されるものも含め、数多くのダイコンが大阪には存在しました。明治二十一年の『農事調査』によればその生産量は三百五十万貫（一貫＝三・七五キログラム）にのぼり、その重要性が窺われます。東成郡、住吉郡、大鳥郡はいずれも五十万貫位の生産があり、一般市民にとって重要な野菜でした。これら名産のダイコンの中から、有名な田辺ダイコン、守口ダイコン、大阪二十日ダイコンについて述べてみます。

現代に蘇る田辺ダイコン

田辺ダイコンは大阪市東成郡田辺地区（大阪市東住吉区）の特産である白首のダイコンで、天保《てんぽう》七年（一八三六）の『名物名産略記』に記載があります。本品種のルーツは白あがり京ダイコンとねずみダイコンとの交雑した後代が、当地区に土着したのではないかとされています。明治時代の田辺ダイコンは短根で縦横がほぼ同長のものでしたが、次第に長型に淘汰改良されました。根部は白色の短円筒形で、末端が少し膨大し、丸みを帯び、長さ二〇センチ、太さ九センチほどで、葉には毛じがありません。肉質は緻密、柔軟で甘みに富み主に煮食用で甘漬けにも適します。『東成郡誌』（一九二二年）によれば「田辺町に於ける蘿蔔は、遠く三百年前より栽培され、田辺大根の名は遠近に轟けり…」とあります。また、小田鬼八著『蔬菜園芸』（一九三八年）によれば、「東成郡田辺町の産で、甘漬け用として大阪地方に珍重されている。茎葉白く柔く直立する。性質軟弱であるから比較的作り難い品種である。根は白色円筒形で末端少しく膨大、丸みを帯び長さ一尺、太さ三寸内外である。質緻密・柔軟・甘みに富む。主に煮食用で漬け物に用いられるが、甘漬けでないと適さない」と記述されています。

さらに、『田辺町誌』（一九二四年）によれば、大正時代に入って「田辺」より改良された「横門」を含め、約四五ヘクタールの栽培があったとされています。その後は減少し、昭和十年前後には三〇ヘクタール以上が大阪市の南部一帯で栽培されていましたが、昭和二十五年に発生したウイルス病のため次第に減少し、一部の農家でわずかに栽培が続けられているに過ぎませんでした。昭和六十年頃までは、時々大阪市の農産物品評会に出品されているの見かけましたが、最近では全く姿を消しています。

大阪府立農林技術センターでは、昭和六十年に大阪市南農事出張所を通じ同市住吉区長居東の農家から譲り受けた系統の採種と特性調査を行ってきました。一九九九年の秋には選抜優良株から採種した系統の試験栽培を計画しています。昭和二十五年頃に発生したウイルス病のため、新しい品種にとって代わってしまっていましたが、昭和六十二年の大阪市農産物品評会で本品種を発見し、出品者から種子を譲り受けて以来、農林技術センターで維持保存しています。また、田辺ダイコンから派生したやや長めの「横門大根」は大正の頃に、東住吉区の法楽寺西側の横門前の畑で栽培されていたことから名付けられたとの説があります。現在、大阪市、河南町、和泉市の農家および幼稚園、小学校などの菜園で栽培が始まっています。大阪市東住吉区の商店街では「田辺大根フェスタ」の開催や、府民から募集した愛称「田辺の大ちゃん」の発表および同キーホルダー作製など、田辺ダイコンをとおした地域の活性化が始まりました。

生産地を変えて栽培が続けられている守口ダイコン

江戸時代の『毛吹草』に「摂津　天満宮前大根」、『摂陽群談《せつようぐんだん》』に「同所天神社の辺より、北の田圃の間に、種を求めて作之、遠く去て種を変ず、因って近里の外に不出、凡て宮前の号あり、形小して長し、多は河内国守口村に求て、酒糟に点じて、桶に移し蓋を覆い守口漬香物と銘して、諸国に送る」、その他、『和漢三才図会《わかんさんさいずえ》』『本草綱目啓蒙《ほんぞうこうもくけいもう》』『本草図譜』にも同様の記述があるほど有名なダイコンです。江戸時代は「宮前細温菘（大根）」がまた、寛政《かんせい》十一年（一七九九）の『青物市場旧記・淀川筋下り荷物小廻賃定』に「天満宮前大根」と同系と推察される「美濃乾大根」が天満の市場に送られていることが記述されており、おそらく守口に転送され、守口漬にされたことから、この守口漬に用いられるダイコンのことを守口ダイコンと総称されるようになったと思われます。そして、守口漬は味醂粕を用いた独特の製法の粕漬けで、『徳永家文書』によれば「その風味は格別と太閤が守口本陣吉田八郎兵衛宅へ止宿したとき食膳に供し大いに賞賛して〝守口漬〟と名付けたと」伝えられ、時に天正《てんしょう》十三年（一五八五）であったというほど歴史のある漬け物です。もともと、約一・五センチの太さで、長さは七〇～八〇センチ程でしたが、その後改良され、現在のように一・三メートルにまで長くなりました。明治の終わり頃までは守口でも栽培されていましたが、都市化の影響で今は全く姿を消してしまいました。

昭和三十一年に開催された国際遺伝学会で日本のダイコンということで、鹿児島の桜島ダイコンと守口ダイコンが紹介されたところ、大型の桜島ダイコンと、一メートル以上の細い守口ダイコンが同じダイコンのグループなのかと、会議の出席者たちを大変驚かせました。

大阪での生産はまったくなくなりましたが、現在では愛知県扶桑町山名地区および岐阜市島地区・則武地区の木曽川沿いで、「美濃乾大根」の改良種が用いられ、糟漬けの原菜としての契約栽培が行われています。もっぱら糟漬用に用いられていますが、昔はその歯触りに特徴があることから干しダイコンとしても有名でした。

緑と白の美しいコントラスト大阪二十日ダイコン

来歴は明確ではありませんが、『成形図説《せいけいずせつ》』の「景山」、「清水」、台湾の「材仔《ざいし》」あるいは豊中市本庄町付近で栽培されていた「倉（椋）橋ダイコン」のいずれかが前身とされ、大阪に導入、土着し選抜・淘汰の結果、成立したのではないかと考えられています。葉はやや長形の丸葉で緑色、中肋と葉柄は白いダイコンです。根身は純白で直径四〜五センチに肥大しますが、生長につれて抽根し湾曲する性質があります。類似品種として「本庄返り」と「難波返り」があり、前者は子葉が大きく胚軸が純白でよく伸びることから、カイワレダイコン用として砂地地帯でハウス栽培されています。また、「かいわりな」と江戸時代には呼ばれることもあり、今でも農家では「おねば」といって種子を購入しています。これは、おそらく大根葉を「おおねのは」と呼んだので、それがなまって「おねば」と一般に農家で呼称しているのではないかと思われます。

正月の雑煮用ダイコンとしてその生産があるとともに、双葉の緑色と胚軸の白さとのコントラストがきれいなことから、カイワレダイコンの生産に用いられています。

江戸時代から数多くの料理に使われたダイコン

古く日本に渡来して長い歴史をもつダイコンは、江戸時代の精進料理の献立には、当然ひんぱんに登場します。大坂の靫《うつぼ》（大阪市西区）で、江戸時代初期から幕末まで代々続いた干鰯《ほしか》商助松屋の記録である『助松屋文書』（宝暦《ほうれき》元年＝一七五一～慶応《けいおう》四年＝一八六八）に書かれた多くの法事献立を見てみましょう。

江戸時代の大坂の町に暮らす大坂町人は、大坂三郷内のいずれかの町内に土地と家を持ち、水帳（土地台帳）に名前が書かれてはじめて、本当の意味での大坂町人（狭義の大坂町人）として認められました。税金を負担するかわりに、居住する町内共同体の構成員となり、町年寄の選挙権、被選挙権を手に入れることになります。町内に家屋敷を持ち、のれんをあげて商売をしていくには、それ相応の生活をしていかなければなりません。町内のつき合い、商売仲間のつき合いをこなし、年中行事をきちんと行い、特に先祖代々の法事はその家の格、分に応じたやり方で、きっちり勤めなければなりません。江戸時代も後半になってくると、先祖代々の法事で、月のうち、何日もうまるということになってきます。しかも、親せきや取引先などの法事で呼ばれることもしばしばです。葬式のときや、十七～七十七日、百カ日はともかく、一周忌、三回忌、七回忌、十三回忌、十七回忌、二十五回忌、三十三回忌、五十回忌、百回忌、百五十回忌ともなれば、法事は完全にリクレーション化します。ふだんは、質素な茶漬と「お番菜《ばんざい》（惣菜）」の食事でも、法事となると、みごとなハレ（晴）の本膳料理が用意されます。八百屋何某という出入りの仕出料理屋が、一人前いくらで請け負い、材料をそろえ、助松屋の台所で調理して、助松屋の法事道具、何十人前もの朱皆具《しゅかいぐ》に盛りつけます。法事の重要度に応じて、一汁五菜から、三汁十一菜におよぶ『助松屋文書』の法事の記録は、江戸時代後半の大坂町人の暮らしぶりを生き生きと私たちに伝えてくれます。その法事献立から、当時の人々が食べていた大坂の野菜を見ていくことにします。

ダイコンは、『助松屋文書』の法事献立に出てくる野菜類のなかで、最も数多く登場するものの一つです。

一、香之物　ふり、太こん　宝暦十一年五月十一日

二、向膾　こま酢あへませ　あけ麩、しいたけ、大こん、ミつば　生か針　天保七年三月二十五日

三、水物　てせん作り花　木ニ巻つき　なしこ、九年母、大こん　天保七年二月二十五日

法事献立にあらわれるダイコンの六〇パーセントが香の物として登場します。香の物は、古くは味噌漬のことでしたが、江戸時代には野菜の漬物をいうようになります。一のダイコンは、大坂の商家で、冬期に所帯に応じて、何樽も漬けた自家製の漬物、たくあん漬、いわゆるお香々《こうこ》です。生干しダイコンにぬかと塩を加え、重石をのせて漬け込みます。そのとき、樽ごとにぬかと塩の量を加減して、一年中食べられるように漬けました。二の向膾は、本膳料理の最初に出されるオードブル。一の膳のメンバーで、揚げ麩や椎茸、みつ葉と針のように細く刻んだ生姜をいっしょに胡麻酢で和えてあります。

揚げ麩は、生麩に味をつけ、油で揚げたもので、法事献立にはよく出てきます。三の水物は、本膳料理献立の最後の方で出される果物を中心としたデザートで、料理人の腕の見せ所となっていたようです。ここでは、ダイコンなどを使って、木に巻き付いて美しく咲く鉄線《てっせん》の花を作っています。なしこは、梨子のことでしょうが、季節が合わないので、なんらかの方法で保存したものと考えられます。九年母《くねんぼ》は、ミカン科の常緑低木で、温州みかんくらいの大きさの実をつけます。皮が厚く、柔軟で汁が多く、甘くて佳香があるミカンのことです。暖たかいところで良いものができるので沖縄や和歌山で栽培されていましたが、大正末ごろに滅びてしまったようです。

ダイコンと区別して、「葉付大根」がしばしば登場します。葉付ダイコンは、すべて香の物です。そのほか、「おろし大こん」「柚大こん」が二回ずつ、「紅大こん」「結大こん」「片大こん」「新香之物」が、それぞれ一回ずつ登場します。

ダイコンの双葉である「かいわりな（貝割菜）」もよく使われています。汁の実になったり、浸し物になったり、竹の子や生湯葉の炊きあわせに添えられたりします。「ま引き菜」は一度出てくるのみ。貝割菜とちがって、間引菜はふだんの惣菜のイメージが強いからだと思われます。

カブ（蕪、カブラ）

大阪の名産として生産されていた天王寺蕪

カブは『日本書紀』（七二〇年）に「持統天皇の七年三月、天下に桑、紵、梨、栗、蕪菁（アヲナ）等草木を植えることを勧め、五穀の助けとする詔を出す」と記載されているほど、古くからわが国に伝わった野菜の一つでした。日本各地には土着の「万木」「大野カブ」「酢茎菜」など七十以上の地方品種がありますが、現在では、一部のカブを除きほとんど栽培が廃れているのが実状です。しかし、明治二十一年の『農事調査』によれば、大阪府下の生産量は約四十八万貫に達し、中でも西成郡のみで、約三十二万貫の生産があり、大阪市の名産として天王寺蕪が栽培されていました。

『毛吹草』に、「本邦古今の名物（物産）の摂津に天王寺、鋸、綿、はぜ、蕪、天満宮前の大根、木津瓜」との記述があり、このカブが「天王寺蕪」のことを指しているのではないかと推定されています。また、『天王寺村誌』（一九二五年）には、「大塔宮の家来は故あって民家に下り、代々農業に従事していたが、大坂夏の陣の際に、種物倉を保護し、兵火、盗難を免れしめし功により、小儀村（天王寺七郷の一なり）に荒蕪地を若干歩賜り、開墾後蕪菁を栽培し、これを四天王寺僧坊の食料にあて、年々増殖しさらに市場に出すに至り、ついに『天王寺蕪菁』の称を博するに至れるものなり」と、また、「正保《しょうほう》元年（一六四四）に村上家十四世喜兵衛の代に至りて『干蕪菁』を製し、降て亨保《きょうほう》の末年孫喜平治が粕漬の製法を創始せり」と記載されています。

さらに、全国的に広まっている天王寺蕪の特性について、『成形図説』（一八〇四年）の「加夫良」に「…又根圓く稍扁クキリて金暈あるを俗に天王寺蕪と称ふ木津今宮等の地に生るもの大小二種あり乾て蔬とせるは真白にて風味甚だすぐれり…」の記述と、「難波（ナニハ）蕪」と品種名を記した切葉で偏平なカブが図示されています。

名物や蕪《かぶら》の中の天王寺 ― 蕪村《ぶそん》

一方、『本草図譜』（一八二八年）には「形状あふみかぶに似て頗る小さく乾したるをほしかぶと云い又江戸にてこかぶというなり形小く白色なり」の記述と合わせて、丸葉で根部の上側が淡緑色に帯色した小型のカブが図示されており、当時から特性の異なる二系統が存在したものと推察されます。また、大日本農會報第二百八号（一八九九年）には綿との輪作で「天王寺蕪」が天王寺付近で約五、六町歩あり、隣接する南田辺、北田辺、安倍野にも栽培が広がっている当時の様子が記載されています。

以上のことから「天王寺蕪」は歴史的にも重要な大阪の伝統野菜の一つとして位置づけることができます。切れ葉と丸葉のタイプがあり、根身は純白で扁平です。地上部に浮き上がるため、「天王寺浮き蕪」とも呼ばれます。『摂陽群談』などにも「形平均（ひらたく）大にして草葉少し味甚甘くして如も軽和（かろくやわらか）なり。乾蕪として諸国に送る。西成郡木津、今宮の辺住吉郡に懸て作得たりと云えども皆天王寺蕪の名を以て市店に所商之也」との記録があり、そのほか『毛吹草』、『和漢三才図会』、『成形図説』、『本朝食鑑』にも同様の記載があります。「名物や蕪の中の天王寺」と蕪村、また、正岡子規は「此頃は蕪曳くらん天王寺」、大田南畝《なんぽ》（蜀山人）は「思いでる鱧《はも》の骨切りすりながし吹田くわいに天王寺蕪」と詠っているほどです。

さらに、また、宝暦六年に京都へ遊学に来ていた、長野県野沢村の健命寺の住職が「天王寺蕪」をふるさとに持ち帰り、栽培したものの中から突然変異株を見つけ、これが現在の「野沢菜」になったとするいい伝えがあります。

復活近い地域独特の在来品種「天王寺蕪」

平成八年の秋に、大阪市住吉区我孫子に在住する人物が、同地区の農家より入手した在来系統のカブを当所で栽培したところ四～五月には黄色の花が咲き、六月には種子が穫れました。この種子を十月にハウスで蒔いたところ、十二～一月の時点で五〇～六〇センチの草丈に生長し、三個体だけは丸葉（琵琶葉）でしたが、残りの三百二十四個体はすべて大根のような切葉でした。この切葉カブの根部は重さが約三〇〇グラムで直径が約一〇センチで高さ／直径の比が〇・六二と偏円の白色の中カブでした。今回、栽培試験を行ったこの在来系統は、『大阪特産蔬菜品種解説』（一九七六年）の「大阪切葉天王寺蕪」の特性と写真から判断し、「天王寺蕪」の一系統「切葉天王寺蕪」と推定されたのでした。

大阪府食品産業協会の府内産原料活用推進協議会の事業により、平成十年秋に和泉市の農家で栽培製造したカブの漬物を、同年十一月に堺の大仙公園で開催された大阪府農林水産フェスティバルにおいて来場者に試食してもらい、アンケートをとったところ、「天王寺蕪の香りが良く、味も良いことから今後ともこのような漬物を生産して欲しい」との強い要望がありました。この系統は、既存のカブ品種に比べて、形が揃いにくいことや、割れやすいことなど今後解決しなければならない問題はありますが、ともかく貴重な大阪の伝統野菜である「天王寺蕪」の一系統の保存が可能となったのです。この地域独特の在来品種である「天王寺蕪」が、漬物や煮物の「かぶら蒸し」や「かぶら寿し」となって食卓に供される日も近いのです。平成十三年にはEマーク商品の天王寺蕪の浅漬や粕漬が認証されました。

河南町、千早赤阪村、堺市、大阪市で試験栽培されたものは、一部朝市で販売されるとともに、天王寺区や阿倍野区の小学校の菜園で栽培が始まりました。また、阿倍野区のN小学校では「わてはてんのうじかぶらでっせ」を先生が台本を脚色し一年生の子供達が演じ、終わりには同名の童歌が初演されるなど、さらにキーホルダー「天王寺かぶちゃん」の発表と農家、業界の振興と地域の活性化に一役買っているのです。

江戸時代、粕漬で一躍有名に

江戸時代の大坂のカブといえば、天王寺蕪です。「うちのかあちゃん、天王寺カブラ、色が白うて、背が低い」といわれたように、色の白い、扁平なカブです。この大阪の伝統野菜はずっと途絶えていましたが、近年復活しつつあります。食べてみると甘味があり、とにかくおいしいカブです。天王寺六萬体の三分屋・六萬堂（村上氏）が江戸時代中頃、天王寺蕪の粕漬を売り出し、諸国にその名が知られるようになりました。

『助松屋文書』の法事献立をみると、カブは、ダイコンのようには出てきません。

一、坪　　きくらけ、くハへ、ほしかふら　宝暦十一年十一月二十九日

二、煮冷　　竹の子、山吹とうふ（とうふニ而ふき、にしめ入、包みゆで）大しいたけ、やきくり、はつきかふら　明和六年三月二十四日

三、汁　　つふしいたけ、はつきかふら　安永二年八月二十三日

一も二も野菜などの炊きあわせです。三の葉付カブラは、汁の実としてつかわれています。また、「ほしかふら（干蕪）」も、汁の実としてよく使われます。一の「くハへ」はクワイ（慈姑）のこと。『助松屋文書』の献立では、カブの漬物は全く出てきません。刻んで浅漬にするか、ぬ

か漬にしても、おいしいのにと思うのですが…。

大阪人は、蕪をカブラと発音します。天王寺蕪は、テンノウジカブではなくて、テンノウジカブラです。蕪村の「名物や蕪の中の天王寺」も「カブラの中の」と発音しないと、字足らずになってしまいます。

促成栽培

大阪の野菜の発達を支えてきたのは、旧大和川河床地帯と海岸に沿った地帯です。これらの地域は砂土ないし砂質壌土、温暖な気候と灌漑水が豊富で、しかも大消費地が近いことです。特に、軟弱野菜の集約的栽培が、八尾市久宝寺地区、河内市今米・川中、布施市森河内、大阪市城東区左専道・鳴野、大阪市東淀川区南方町、住吉区南加賀屋町・北加賀屋町、堺市三宝湊・石津、貝塚市澤、泉佐野市下瓦屋町で盛んに行われていました。現在では、市街地化の影響で野菜生産ができないところもありますが、引き続き集約的栽培が行われているところもあります。

促成ものは、明治の初期に源八渡しで始まったとされ、その後、楠根川沿いの鳴野、左専道に移動していきました。明治十七~十八年の記録では、栽培面積は約一〇ヘクタールあり、専業的に鳴野では芽ジソ、ハジカミショウガ等の源八物やパセリ、レタスが多く作られました。左専道では大阪シロナ、シュンギク、カイワレダイコン、ホウレンソウが中心であり、また、森河内、西堤では大正末期まで天満大根、聖護院大根が主作物でしたが、昭和の初めになり、ホウレンソウが増加し、二十年代半ばに至り、大阪シロナ、ネギ、ニンジンが作られ、夏にはキュウリ、ナス、トウガラシ、冬にはシュンギク、ミツバを組合せ、年五～六作が行われるようになりました。そして、このような集約栽培には、大阪の特徴である、青田師の存在を忘れることができません。なぜならば、農家は栽培にのみ集中すればよく、収穫時期になれば青田師は収穫、出荷調製専門の人々を連れてきて作業をしてくれるからです。

同様に、堺市の石津、湊地区のミツバ生産が有名です。栽培面では菰を用いたおおい掛け、おおい次、さらし等と寒さ除けや、霜除けと同時に適度な陽光がさすように編み目を粗くするなどきめの細かい管理を行うと、環境調節ができミツバの周年栽培を可能にし、年間四～六毛作の高度輪栽が行えます。もともと砂地帯は土地がやせているので、紡績くずを一〇アール当たり三十五俵くらい全面に鋤込み土づくりを行う必要があります。都市農業では小面積であっても、畑を回転することにより延べ栽培面積を拡大することが可能であり、また、青田売り（立ち毛うり）により栽培に専念できること、また、個人販売であっても近くに野市があることなど、有利な立地条件が大都市の中の農業が存続できてきた理由の一つと考えられます。特に大阪市内における野菜生産農家の実状については、地代が高いことから、基礎的な収入についてはアパート経営などが行えることも、今後とも農業が安定的に維持し続けられる大きな要因と考えられます。

ゴボウ（牛蒡）

「高山ごぼう」なしでは正月が来ない

ゴボウの野生種はヨーロッパ、シベリア、中国東北部にも見られますが、わが国には自生していません。中国の『本草綱目』には「河南省にあり、古代には肥えた土地に栽培し、苗や根を薬草の一種として食べた」とあります。中国から薬草として千百余年前に渡来したものであるとされ、『倭名類聚抄』に「きたきす」「うまふふき」と記され、わが国で野菜として利用され、食べられるようになりました。

『本朝食鑑』に「大なるものは大根の如く、長いものは鞭の如し」とあります。「大浦ごぼう」は名物としてあり、滝野川型の細長種から分型していったものと思われます。『本草綱目啓蒙』には「所々に名産あり、京師には八幡牛蒡、北山牛蒡、堀川牛蒡、相国寺牛蒡あり、上野の行田、加州の井戸、下総の大浦、伯州の米子、江州の多賀、筑紫の久留米、武州の岩槻、結城の忍、土州の大内、予州の菅沢、大洲、その余諸州に名産あり」とあります。『農業全書』（一六九六年）にも「越前より種子を取ってくる」とあり、あざみ葉の越前白茎にあたるものは、切葉の図を掲げています。これらのことより、大浦、滝野川、越前白茎にあたるものが基本品種として今日にまで及んでいると思われます。ゴボウの作型の基本は春まき、冬採りでしたが、春、夏季の若ゴボウの需要が高まり、関東では秋まき、次いで早春まきにおいても抽苔のしにくい品種が育成されてきました。

明治二十一年の『農事調査』によれば、大阪府下で約十七万貫の生産があり、東成郡、能勢郡、若江郡、錦部郡では、各郡ともに一万五千貫を超える生産量で、府民によく食べられていた野菜の一つでした。そして、大阪市には石川県から伝わった越前白茎という若ゴボウ専用品種が導入され、その後、恩智《おんじ》地区に伝わり、現在では近くの地区にも広がり、露地、トンネル、ハウスなどを組み合わせ、八尾市南高安地区を中心に一〇ヘクタールあり、春先まで出荷しています。出荷時の荷姿は矢を扇形に束ねたような形になることから「矢ごんぼ」ともいわれ、鮮度の指標ともされる、葉柄の周りの綿毛を落とさないように注意して調整されます。根も茎葉も調理して香りが良いことから人気があります。

また、大阪北部の豊能地区の中山間地域には江戸の初期から「高山ゴボウ」の栽培があり、換金作物として良く、多いときには一〇ヘクタール以上も作付けされました。ここはキリシタン大名、高山右近の生誕地として知られています。二百五十年前に、三島の農学者小西篤好によって高山ゴボウの栽培が始まり、耕土を一メートル位ほり起こし、堆肥に真菜をすき込むという設計の栽培方法や在来種子の採種の方法を農民に教え、それが今も農家に受け継がれています。品種としては滝野川の赤茎と推定され、春まきし、十二月に収穫され、京阪神はもとより京都にも出荷されて、色は黒くても香りが良く、煮ても柔らかくすじが残らないことから人気が高く、「高山ゴボウを食べなんだら正月を越せん」といわれています。

精進料理に欠かせないゴボウ

『助松屋文書』では、ゴボウは、漢字では午房と書かれるのがほとんどで、天保期ごろからはときどき牛房になります。仮名書きの場合は、「こんほ、ごんほ、こんぼ」などさまざまで、江戸時代の大坂の人々も、今私たちが発音するゴンボと同じ発音をしていたことがわかります。ゴボウは、ダイコンについで、助松屋文書にひんぱんに登場する野菜です。ダイコンもゴボウも根菜類で、精進料理には欠かせません。ゴボウは助松屋の法事献立では、ほとんど坪皿（坪）とか平皿（平）に盛られます。

一、　坪　　薄くす　午房、勝くり、きくらけ　宝暦八年七月十九日

二、　平皿　　くわへとふふ、午房かみなり、せり、しいたけ、麩　寛政二年十二月四日

一の坪は、ゴボウと搗栗《かちぐり》くりと木耳《きくらげ》に薄葛を引いています。ゴボウと木耳の歯触りに勝栗の甘味が加わって、ちょっと試してみたくなる一品です。二の平皿は、豆腐やゴボウ、芹、椎茸、麩の炊き合わせです。「くわへ豆腐」とはどんなものか、よく分かりませんが、慈姑《くわい》と豆腐の組み合わせでしょうか。「牛蒡かみなり」とは、ゴボウをささがきにしたり、松葉に切ったりしたものを、胡麻油で炒めたものと思われます。熱した油で、ゴボウを炒めるとき、バリバリバリッと雷のような音がするからでしょう。

助松屋の法事献立には、「午房さ、かき」、「針午房」、「たたき午房」、「午房ふと煮」、「午房衣あけ」、「午房油上」など、ゴボウの料理法を示した記述もあります。そのほか、ゴボウのブランド、「高山午房」も二回出てきます。献立に出てくるゴボウで、どんなゴボウかわからないのが「源氏午房」と「波午房」です。「若午房」は、『助松屋文書』に二回出てきますが、これは私たちが今食べている「若ゴボー」ではありません。旧暦五月八日と三月二十三日の献立ですから、新ゴボウのことをさしていると思われます。現在の八尾市特産の「若ゴボー」は、昭和初期から栽培され始めたということです。若牛蒡だけは、大阪人も「ワカゴンボ」ではなく、「ワカゴボー」と発音します。春先にほんの短い間出回る「若ゴボー」は、おいしい季節の野菜です。茎を切りそろえ、ほんの申し訳程度に付いている根の部分もいっしょに、油で盛大に炒め、酒、味醂、砂糖、醤油で味付けします。

明治二十年五月に出版された『日本西洋支那 三風料理 滋味饗奏』（自由亭和洋主人調理・伴源平舊邨堂編輯・日本風味三都一等大阪赤志忠雅堂出版　以下『三風料理』）には、日本料理の部に「午房かみなり」ではありませんが、「味噌雷り豆腐の法」と「葛雷り豆腐の法」が出ており、豆腐を熱した油で、煎ってつくります。『助松屋文書』の法事献立にも、「かみなりとうふ」は、しばしば登場します。

『三風料理』の著者自由亭主人は、草野丈吉で、故郷の長崎から大坂へ出てきて間もなく、明治元年（一八六八）、川口の外国人居留地に隣接して、大阪初のホテル「自由亭」を開業します。自由亭ホテルは大繁盛し、明治十四年に中之島の東端部に進出し、やがて、中之島の自由亭が「大阪ホテル」に発展します。草野丈吉は明治十九年に亡くなっていますので、『三風料理』は、丈吉の死後出版されたことになります。

レンコン（蓮根）

河内の湿地帯で観賞用と食用をかねて栽培

レンコンの植物名はハスであり、熱帯及び温帯東アジアが原産とされていますが、定説はありません。栽培の発祥はインドで、その後中国へは古代に伝わり、わが国へは五世紀頃朝鮮半島を経て渡来したものであろうとされています。古来より仏教との関係の深い植物として知られ、『古事記』の雄略天皇の条に「くさかえの　いりえの波知須　はなはちす　みのさかりびと　いとしろきかも」と自生していたレンコンが観賞用として詠われています。そして、「くさかえ」

は河内平野の陸地化前の汽水湖であった「草香江」と考えられ、また、『五畿内産物図会』には「蓮根」として守口大根とならび図示され、河内の特産であったことがうかがえます。この辺りは、当時湿地帯であり、レンコンの栽培に適した土壌条件であり、おそらく自生の在来品種が観賞用と食用を兼ねて栽培されていたものと推定されます。わが国に自生していたレンコンは、鎌倉時代以降、中国からの食用のレンコン品種に置き換わっていったのです。

大阪でのレンコン栽培は、門真市大字北島で地バスが付近の池に生えており、これを湿田で栽培するようになったのが始まりといわれています。そして、明治四十年頃には天満の市場に出荷されていましたが、自生種が貧弱な根であったため、収益があがらないと考えられていました。その頃、石川県と岡山県からは品質・収量性に優れた品種が入荷していたことから、大正九年に至って、これら産地から「加賀」と「備中」の二品種が導入され、またたく間に河内に広がり、昭和四十年代には栽培面積も四〇〇ヘクタールに達しました。

都市化の影響で急速に栽培が減少し、平成十一年度の統計では門真市を中心にあわせて約一一ヘクタールとなりましたが、根茎が青粘土層で生育したものは品質が良く、「河内レンコン」として人気があります。

色鮮やかな和えものにしてお膳に

レンコンは、『助松屋文書』の法事献立には、「はす」または「はすね」と書かれています。「れんこん」と発音したのかな、と思われるのがたった一度出てきます。漢字で「連根」と書いているのです。江戸時代は、蓮根を「れんこん」ではなく、「はすね」と発音していたのでしょうか。しかし、心斎橋通の書物問屋、河内屋嘉助他が刊行した刷り物『精進魚類間合料理　早速包丁』には、仮名書きで「れんこん」と出てきます。この刷り物には刊行年がありませんが、欄外に「中嶋氏所持　文化九申年七月一日」との書き込みがありますので、文化《ぶんか》九年（一八一二）以前の刊行であることがわかります。また、天保四年（一八三三）に大坂安治川の三宅宗助らが発行した『早料理仕方』（折本）にも「れんこん」と書かれています。一方、嘉永《かえい》六年（一八五三）に大坂で発行された一枚刷『料理早工風《はやくふう》』（松山半山輯著並画）には、「はすね」と出てきますので、江戸時代には、「はすね」と「れんこん」を混用していたのでしょう。

『助松屋文書』法事献立からレンコンの料理を見てみましょう。

一、ちょく　はす、なし　青あへ　安永二年八月二十三日

二、猪口　赤味噌あへ　はす根、ゆりね、青かんざらし　天保八年九月六日

三、初献　台引　衣あけ連根矢切、くり砂糖煮、ぶとうさとう衣あけ　嘉永七年（安政元年）八月九日

一も二も猪口に盛りつけられた和え物です。一はレンコンと梨を、青豆をすりつぶしたもので和えたものでしょう。色のきれいな和え物です。二は、レンコン、ゆり根、青く色づけしたかんざらし（白玉）を赤味噌で和えたものです。三は、台引もので、お膳に添えて出される酒肴や菓子類です。レンコンの天ぷらと栗の砂糖煮と葡萄に砂糖入りの衣をつけて揚げた天ぷらですが、ブドウの天ぷらとはどんなものなのでしょうか。

大田南畝が、大坂銅座御用を拝命して、大坂へやって来たのが享和《きょうわ》元年（一八〇一）三月十一日。それから任期の一年間に大坂および近辺の名所旧跡、神社仏閣を訪ね歩いて、日記『蘆《あし》の若葉』を書きました。到着間もない三月三十日に、桜の宮を訪ねて「東のかたに流れありて蓮多く、農夫の蓮の根ほるもみゆ」と記しています。桜宮神社（大阪市都島区中野町）の東に、おそらく井路川のような小さな流れがあり、そこに蓮が生えていたのでしょう。それが自生の蓮なのか、付近の農家が栽培していたのかは判断がつきません。

サトイモ（里芋）

石川早生の原産地は南河内郡

わが国への里芋の渡来時期や経路は明らかではありませんが、現在温泉地などに自生している弘法芋は、縄文時代中期に半栽培の原始型のサトイモが渡来し、各地に広がったものの残存物といわれています。稲作の伝来まではヤマノイモ、木の実などとともにサトイモは人々の重要な食糧でした。『万葉集』、『新撰字鏡』、『本草和名』、『豊後風土記』、『出雲風土記』には「宇毛之葉、伊毛、芋、野芋、青芋、紫芋、芋草、芋菜」などと書かれており、異種同名、同名異種として各地に土着のサトイモ品種があったものと推定されています。

早生のサトイモで全国的に有名な石川早生は、聖徳太子が磯長村（南河内郡太子町）の叡福寺に墓地を造営する際、奈良の法隆寺から持ち帰ったサトイモであるといわれます。石川早生の名前の由来は、大和川の源流の一つである石川の流域にあった南河内郡の石川村（河南町）がこの芋の原産地とされたことによっています。また、寛政十一年（一七九九）の『青物市場記』に天満の市場年行司あてに「大和川筋河州喜志出　河州石川　里芋　餅米一駄ニ付き　四分五厘」と運賃を定めていることからも、当時から石川村にサトイモの生産があったことがわかります。石川早生は別名「襟かけ」とも呼ばれ、葉柄《ようへい》の下の方に、あたかも着物の襟をかけたような状態で黒褐色の部分が判然と現れることからこういわれます。芋の形には丸と長がありますが、大阪では丸形の方が早生性が強いとして種芋を選び、マルチ栽培による早出しが行われるようになり、急速に普及しました。粘質で味が良く、品質のよいことから他府県にも種芋として流通しています。

また、サトイモには葉柄を食べる品種があり、蓮芋とよび、九州などに多く生産されます。その他、唐の芋、八ツ頭などは親芋、葉柄、子芋も食用となりますが、石川早生は子芋用品種です。

暗闇で育てられる高級料亭用軟白サトイモ

品種によっては親芋や葉柄はあくが強く食べることは出来ませんが、葉柄を白く軟らかにすると食用となることから、暗闇の中で種芋から徒長させた新芽で芋（主茎）および葉柄を利用する「芽芋」または「白ずいき」、「白イモジ」、そして軟白した葉柄と芋をともに利用する「根芋」の二種類があります。江戸時代の古今料理集には「ねいも」として書かれてあり、この「ねいも」は芽芋と推定されており、当時はいろいろな料理に使われていたことがうかがえます。また、この栽培法については『成形図説』に詳しく記されています。初春に深さ八〇センチの溝を掘り、その中に約一五センチの厚さに堆肥を入れて土で覆った上に、親芋を密に並べて土をかけ、芽が出てきたらその度にすぐに細かい砂をかけて「根芽芋」(すなわち芽芋)を作るという内容が書かれてあり、最も古い文献であろうとされています。また、当時、芽芋に用いられていたのは主に「えぐいも」ですが、その他の品種も使われていたようで、大阪の根芋用の品種は主に「唐芋」が用いられ、「ズイキの軟化」として解説され、昭和の初期に大阪で始まったとされています。芽出しした芋を露地に定植し、葉柄の伸張にあわせて新聞紙で葉柄の周りを覆い、軟白するもので、今日でも大阪茨木市の二戸の農家が栽培を継続しており、その軟白サトイモは、一貫して高級料亭でのみ使われ、一般家庭では見かけることの少ない野菜の一つです。

石川早生を中心に南河内および泉州地区を合わせて約八一ヘクタールの栽培面積があり、「なにわ特産品」として共同出荷されています。また、唐の芋を使ったズイキの生産が近年盛んとなり、約二三ヘクタールの栽培が行われています。

さまざまなサトイモの食べ方

ふつう、サトイモといわれるイモは、親芋の周りに生じたたくさんの子芋(小芋)を食用とします。コイモは、ゴボウ、レンコン、ニンジンとともに、正月の煮しめの主役です。また、正月一日と三日に食べる白味噌雑煮の具として欠かせません。旧暦八月十五夜の名月（中秋の名月）には、皮つきのコイモを蒸して供えます。これを「きぬかつぎ」といいます。コイモの端っこをつまむとスルッと皮がむけて、白いきれいなコイモが出てきます。八月十五日の満月は「いも名月」といわれます。ちょうどそのころ、コイモが食べごろになっているからです。

『助松屋文書』には、ただ単に「いも」と書かれているのが、サトイモ、コイモのことで、しばしば登場します。はっきりと「さといも」とか「小いも」と書いてあるのは、一～二回しか出てきません。

一、　平皿　うすくず　にんしん、いも、もち麩、しいたけ、結湯ば　嘉永二年十月八日

二、　煮冷　まきゆば、しいたけ、さといも、梅干、はしき豆　宝暦八年七月十九日

三、　汁　吸口からし　小いも、浅草苔　文化三年六月十九日

ズイキ、ネイモ、ハスイモ、など…

ズイキは、晩夏から初秋に出はじめ、秋の味覚の一つです。サトイモの葉柄を食べるもので、赤い色の葉柄がおいしいズイキです。さっと湯がいて冷水にとり、皮をむきます。それを切って、薄味のだし汁で煮て、酢みそで和えたりして食します。乾かして干ずいきとし、冬から春のズイキの手に入らない時期に食べます。ズイキはその上品な味わいから、精進料理には欠かせない食材になっています。

四、　坪　くろこま入こクセう　なすび、生ずいき　明和六年三月二十四日

五、　ちょく　　ずいきこまあへ　寛政二年八月二十六日

六、　猪口　　干ずいきこまあへ　文化三年三月十日

ズイキが使われている季節をみると、旬の秋以外が案外多く、干ずいきが使われたと考えられます。しかし、四で、旧暦三月二十四日の献立に「生ずいき」がでています。これはズイキの若い芽（太さ一～二センチ）を料理に使ったのでしょう。「こクせう」は、こくしょう（濃漿）で、濃く仕立てた味噌汁のことです。

ネイモ（根芋）は、サトイモのみどり色の葉柄はえぐ味が強いので、根元に土をかぶせ、軟白栽培をしたものです。秋から初冬の食材です。ズイキに似ていますが、色白で小形です。茹でて水にさらしますが、皮をむかずに食べられます。今ではズイキにくらべてずっと高価で、料亭へ直行することが多く、あまりみかけません。『助松屋文書』の法事献立には、ズイキと同じくらいよく出てきます。

七、　坪　　みそ　　根いも、生むすひゆは、きくらけ　安永六年八月十二日

助松屋の献立では、ネイモは旬の秋から冬に出てくる場合と、旧暦二月二十五日から四月十三日の春から初夏に出て来る場合と、半々です。根に土をかぶせておくと、春からのびはじめ、旬でなくても食べられるようです。

ハスイモ（蓮芋・白芋）はサトイモ科の多年草。えぐ味は無く、みどり色の葉柄を食べます。イモは小さく、硬くて食用になりません。葉柄はズイキにくらべると、やわらかくて淡泊なものです。生のまま薄切りにして、水にさらして酢みそなどで食します。また、茹でて和え物にしま

す。『助松屋文書』の法事献立には、安永六年と七年の二回出るだけです。

八、　膾　生はり　けんきんかん　大こん、はすいも、紅くり、まきしそ、まきゆば、油あげ

安永七年八月九日

クワイ（慈姑）

北河内や吹田でさかんに栽培された

クワイはオモダカの変種で、中国で栽培が始まり、五世紀の『名医別録』には記録があり、古来蔬菜として取り扱われています。わが国では『和名類聚抄』に「久和為」の名が見え、優れた水生蔬菜として尊ばれましたが、近年減少してきました。

大型で白色の白クワイと、小型の碧青色の青クワイの二種類があります。漢名の慈姑は優しい女性が多くの子供に乳を与えているように、たくさんの新球が出来るところから出来た名前といわれています。大正四年の大阪の統計によると、明治四十四年には約一一ヘクタールの栽培面積があり、大正四年には府下で六・七ヘクタール、一万千四百十貫の生産があり、三島郡で四・五ヘクタール、北河内郡で二・二ヘクタールの栽培がありました。その後も大きな栽培面積の変化はありませんでしたが、昭和九年に北河内郡を中心に約二三ヘクタールの栽培が最も多いときで、現在作られているのは青クワイが多く、平成十一年の統計では河内の門真市、大東市、大阪市東部の茨田地区で、約三ヘクタールの栽培がされているに過ぎません。今では正月料理としての需要に限定されていますが、品質がよいことから人気があります。

一方、大型のクワイと異なり、江戸時代から有名だったものに「吹田クワイ」があります。これはオモダカに近い植物で、小型ですが味はよく、『大和本草』に「一種すいたくわいという植物あり葉も根も慈姑に似て小なり花なし味佳し慈姑より味濃なり摂州吸田の邑より出たり」と、また、『摂陽群談』、『五畿内産物図会』、『摂津名所図会』などにも紹介され、大坂名物番付にも関脇に挙げられていることからも、昔は珍重されていたことがわかります。明治維新まで吹田村・御料方の農家から毎年京都の禁裏へ名物の吹田クワイが献上されていました。普通のクワイに比べ小さく、「まめクワイ」、「姫クワイ」とも呼ばれ、やわらかくて甘みがあり、その味わいは最高であったようで、江戸時代に銅座役人として大坂に出張してきた大田南畝（蜀山人）が、大坂でのおいしかった食物を「思い出るはもの骨切りすり流しすいたくわいに天王寺蕪」と書いているほどです。吹田クワイは一般での栽培は全く見あたりませんが、吹田慈姑保存会の人々によって現在でも大切に守られています。

江戸時代の料理献立によく出てくるクワイ

クワイは現在では、縁起物として正月の煮しめにするか、つまみのクワイチップスとして食べられるかですが、江戸時代の献立には、さかんに出てきます。『助松屋文書』の法事献立には、「初献」にあつやきといっしょに器に盛られたり、「菓子椀」のすまし汁の中に、たけのこやしいたけと「くわへけんひ」（クワイのけんぴ〈細長く切ったものか〉）が入っていたりします。ただ単に、「くわい」と書いてある場合と、ほかに、「おしくわへ」、「よセぐわへ」、「へしくわへ」、「吹田くわへ」、「焼くわへ」、「大報くわへ」などと書かれている場合があります。「よせくわい」については、明治四十年、大阪船場南久太郎町の武田交盛館が発行した『家庭惣菜と料理法』にその作り方が次のように載っています。

「先づ慈姑を能く洗い皮を剥きて、わさびをろしにてをろし、魚のすり身、鶏卵若くは牛肉のたゝき身など好みのものを入れ、最後に葛粉を適宜に入れて能く交ぜ、塩砂糖にて加減して好むが如き形になして、釜の湯の煮立ちたる所にてむすべし」

これによると、クワイをすりおろして葛粉とまぜ、好みの形にして、蒸す、というものですが、助松屋の法事献立は精進料理ですから、もちろん卵や魚や牛肉は入れません。

「吹田くわへ」については、天保期に二回出てくるだけです。

一、　初献　　吹田くわへ、うと　天保七年三月二十五日

二、　硯蓋　　牛房衣あけ、吹田くわへ、唐みかん　天保十一年一月二十七日

やわらかくて甘みのある吹田クワイは、幕末の天保期（一八三〇〜四四年）には、ブランドものとして、すっかり定着していたと思われます。二の料理は、「猪口・汁・御飯・香之物・平皿・御酒・硯蓋・鉢・二・吸物」と、いつもの本膳料理より、ずっと簡単な料理ですが、ゴボウの天ぷらと吹田クワイと唐みかんとが硯蓋に盛りつけられて、何やらおいしそうで食べてみたい気がします。

また、献立によく登場するのが、「水くわへ」。これは、「冷し物」として、九年母《くねんぼ》などの果物といっしょに出てくるもの。水クワイというのは、カヤツリグサ科の多年草、「クログワイ（烏芋・黒慈姑）」のことで、クログワイの塊茎は、クワイに似て黒紫色です。生で食べて、広義の菓子（果物）に用いられました。ふつうのクワイはオモダカ科の水生多年草で、水田で栽培し地下の球茎が食用となります。

その他、「おしくわへ」、「へしくわへ」、「大報くわへ」などはよくわかりません。

ニンジン（人参）

キントキニンジンは大阪が発祥の地

ニンジンはアフガニスタン周辺に野生種があり、紫赤色、黄色、白色固体などがあり、この地域がニンジンの原生地とされています。それが一〇世紀前後には近東地域に伝わりました。そしてニンジンが中国に伝わったのは一三世紀頃で、胡（西土）から来たダイコンとして「胡蘿蔔《こらふく》」と書いています。しかし、宋の時代あるいは後漢の一〇世紀の頃にはすでに中国に存在していたという説もあります。

わが国では『多識編』に「胡蘿蔔」とあるのが最初で、おそらく一六世紀に中国から渡来したものと推定されます。ニンジンは古くから知られていた薬用のオタネニンジン（人参）と根の形が似ていたので、それと区別するため、セリニンジンまたは人参菜と呼ばれました。ニンジンは渡来後まだ日も浅かったのですが、『農業全書』には「…菜園に欠くべからず」と味がよいことから栽培を勧めるなど、急速に全国に広まっていきました。当時のニンジンは東洋系の品種で、紫赤色や白色の品種が各地で栽培されていました。ヨーロッパ系のニンジンは江戸時代の後期になって長崎に、明治になってアメリカやヨーロッパから品種が導入され、わが国の気候風土に合った品種が育成されていったのです。

一方、東洋系のキントキニンジン（金時人参）は関西では冬の野菜、特に正月用には欠かすことの出来ない重要な野菜です。江戸時代の『和漢三才図会』に「赤黄の二色あり、黄なるものは沙地に生ず。就中遠州より深赤色のものをだす。摂州生玉辺にも亦赤色のものを出す」、また、その後の『摂陽群談』には「長町蘿蔔、同所東西の田園に作り市店に運送る、茎葉青にして根大に生つて色濃赤し、味甘く匂馨く世多求之」、また、『摂津名所図会大成』に「名産胡蘿蔔、木津村より出るもの色うるわしく味い美なり、隣村難波、今宮、勝間にも多く出せり、皆これを類する」とあるように難波、木津、今宮方面の特産であったことが窺われ、大阪が金時人参の発祥地であるといえます。

現在は泉州地域で栽培

明治二十一年の『農事調査』では府下で約一三〇ヘクタールで百八万貫の生産があり、その九割以上が西成郡で生産されていました。その後減少し、大正五年の一〇九ヘクタールから昭和の十年代は八〇ヘクタール前後で推移してきました。当時の品種はキントキニンジンが中心で、一名「大阪人参」とも呼ばれたことがあります。根身は長さ約三〇センチで色はその名の示すとおり深紅色を呈し濃厚で葉は緑、その特性の違いで早生の金時、中生のどす金、晩生のどすの三系統があります。キントキニンジンの品質は土性によって大きな影響を受けますが、砂質土壌が適し壌土や植土は適しません。砂土では通気・排水がよく、地温も上がりやすいので根の生育が良く、形もそろい、皮目は小さく着色も良いニンジンが作れます。しかし粘質土壌では岐根を生じやすく着色が悪く、皮目も大きく品質が低下します。キントキニンジンは肉質が柔軟で甘味香気が強く、正月用に欠かせない品種です。昭和三十五年頃には、大阪市西部の加賀屋新田一帯が、代表的な産地で約七〇ヘクタール、その他、泉大津市で約九ヘクタール、堺三法で四〇ヘクタール、下石津で一ヘクタールなど大阪湾沿岸に特産地が分布し、府下全体では約一二〇ヘクタールの栽培に増加していきました。

販売方法は青田売りが多く、当時のキントキニンジンの採種は、生産地とは別の岸和田市多治米と摩湯町付近で行われていました。大阪市内の加賀屋新田辺りでは都市近郊園芸の立地条件を生かして一年に二～四毛作が行われています。主なものはホウレンソウ、小カブ、時無しダイコン、漬け菜の組み合わせが多く、いわゆる都市農業の利点を生かした輪作が行われていました。昭和三十六年の統計では、府下で二二〇ヘクタールの栽培面積に増加しましたが、これはキントキニンジン以外の西洋ニンジンの生産が増えたからです。現在では都市化の影響で農地も少なくなり、いわゆるキントキニンジンの生産は泉州地域に移行し、泉佐野市の海岸地帯の羽倉崎地区と大阪市の一部で高品質なキントキニンジンの生産が行われています。

最近は食生活や嗜好の変化および需要の周年化から、欧州系のニンジンに重点がおかれていますが、正月料理用になくてはならない品種であり、泉州地域に約二ヘクタールの栽培があります。大阪市の発祥の地にある学校の菜園にて、栽培の取り組みが始まっています。

煮しめに欠かせない色合いと風味

ニンジンといえば、正月の煮しめに欠かせない赤い「キントキニンジン（金時人参）」がすぐに思い浮かびます。こんにゃく、コイモ（里いも）、シイタケ、レンコン、ゴボウなど、地味な色合いの中、絹さやの緑とキントキニンジンの赤が、煮しめを引き立てます。文政《ぶんせい》十一年（一八二八）刊行の『大坂繁花風土記全』には、土地産物名品として「難波《なんば》にんじん」を挙げ、京都をはじめ他所でも作っているが、味わい色あいともに大いに劣っている、として難波ニンジンを高く評価しています。

『助松屋文書』の法事献立に、ニンジンはそれほど多くは登場しませんが、和え物や浸し物として出てきます。浸し物としては、四カ所にでていますが、その内一カ所だけ、「はにんじん（葉人参）」と記されています。他の浸し物のニンジンも葉ニンジンと考えられます。このことは嘉永六年（一八五三）発行の「料理早工風」に、「ひたしもののるい」として、いろいろな野菜類が載せられている中に、「はにんじん」が入っていることからもわかります。

助松屋の法事献立のうち、嘉永七年（一八五四）八月九日に執りおこなわれた釋貞壽《しゃくていじゅ》（助松屋五代目当主夫人）五十回忌の献立は豪華な本膳料理で、その終わりに近づいたころに出される「冷し物」に、ニンジンが出てきます。

冷し物　黒花臺　松ニ羽衣　大根、にんじん、きうり、いも、紅いろ付何れ見事ニ御座候　五所柿、なし、金米糖

これは、凝ったデザートで、ダイコン、ニンジン、キュウリ、イモを細工して、紅色に染め、「松に羽衣」の場面を演出したものです。とくに幕末ごろには料理人が包丁の技を競い、野菜などの食材を使って、作り物（むきもの）をつくり、その出来ばえを競ったものでした。

甘藷《かんしょ》

甘藷の原産地は、南メキシコおよび中央アメリカ説が妥当とされています。アメリカ大陸発見の頃には、南米において九品種が記録されており、その後、スペイン、インド、フィリピン、中国、マレーへと伝わりました。時に一六世紀の後半でした。

わが国には、『大和本草』（一七〇九年）によれば琉球より薩摩の国に、『成形図説』によればフィリピンからも直接伝来したものもあるとあります。甘藷は「りゅうきゅういも、からいも」とも呼ばれ、生産性が高いことから、救荒作物として非常に高く評価されました。

明治二十一年（一八八八）の農事調査においても、大阪府で約三百七十万貫の生産があり、とくに大鳥郡が八十一万貫、日根郡が五十八万貫、交野郡が五十二万貫と大量に生産されていました。

導入の経緯を見てみると、まず、当時の品種には赤藷と白藷があり、赤藷の方が早生でした。そして、「元禄の頃和泉国大鳥郡久世村大字半田東山に作ったのがその嚆矢《こうし》とす」とあることから、明治時代の市場では、甘藷のことを「半田山」と称するようになったのです。

寛文《かんぶん》年間（一六六一〜七三）に地頭水野伊予守が、当時の久世村辺りを開拓しましたが、もともと高台であったため水の便が悪く、大豆を作っていたのですが、あまりできがよくなかったことを憂い、薩摩の国から甘藷を導入し、まず半田東山に初めて植えたところ、よく土地にあったことから、近隣の村々に急速に広がっていきました。

その後、救荒作物として人気のある甘藷は、享保《きょうほう》年間（一七一六〜三六）に同郡の松屋新田、河内国大県、若江、交野に伝わりました。当時の品種は白藷のみを作っていたそうですが、苗が不足した時、摂津の尼崎より赤藷を松屋新田に導入し栽培したところ、白藷に比べ早生でたくさん収穫できたことから、白藷から赤藷に変える農家が増え、ついには、本家の尼崎の生産を圧するほどになったと伝えられています。

ナス（茄子）

加熱しても生でも古くから食べられていたナス

ナスの記録はわが国では『東大寺正倉院文書』（七五〇年）が最も古いとされていますが、『長屋王家（七一〇年頃）の木簡』に「加須津韓奈須比」、『二条大路木簡』に「水葱四束…茄子四升…天平八年六月廿十七日葛木乙万呂」と記載された木簡が出土していることから、渡来人とともに大陸から伝わっており、天皇等への献上のために少なくても七三一年にはナスの栽培が行われていたようです。調理面からは、神護景雲四年（七七一年）に「茄子生料」、また『延喜式』（33

大膳）に「僧一口別菓菜料―茄子六顆」とあり、ナスを生のまま食べたり、「醤漬、糟漬あるいは干ナスとして食べていた」という記述があります。

一方、中国では『斉民要術』（四〇五～五五六年）にナスの記録があり、『本草拾遺』（七一三年）に紫、青、丸、長等の品種が、『王禎農書』（一三〇三年）、『本草綱目』には「一種白而偏者皆謂之〃番茄〃甘脆不渋生、熟可食。又一種〃水茄〃其形稍長、甘而多水、可以止渇」、及び『群芳譜』（一六二〇年）に「一種水茄、形稍長、亦有紫、青、白三色根細末大、甘多而津可止渇」とあります。これらの記述から、「白茄」でやや偏円な「番茄」および喉の渇きが止まるほど水分が多く、花落部が太くやや長形の紫、青、白色の三種類の「水茄」があり、生でも加熱しても食べることの出来る品種が一四世紀初めには中国にあったことが立証されています。前述のわが国の記録と併せて考えると、ナスが伝来した八世紀の後半には生で食べることのできる、このような特性を有する品種がすでに存在したものと考えられます。

たゆまぬ技術開発で確固たる地位を築いた大阪のナス

ナスの生産は明治二十一年の『農事調査』をみると、府下全体で約五十五万貫の生産量となっています。一ヘクタール当たり約五千五百貫とすると一〇〇ヘクタールの栽培面積となります。最も生産量の多い地域は摂津の西成郡の約二十二万貫、次いで豊島郡の約九万貫でした。昭和十三年『農芸』「茄子漫談」によれば、明治時代はほとんどが丸ナスであり、その他、巾着ナスがわずかにある程度で、煮食か永久漬物の二つの用途以外は少なく、農村料理として焼きナス、鴫焼きに用いられ、田楽には巾着ナスが用いられていました。当時はなにぶん呑気な時代で、比較的面倒で手間のかかる浅漬（一夜漬）はあまりなかったようで、七月に一、二回、八月にも一、二回する程度にすぎなかったようです。漬けたナスは、自家用に四斗樽を二、三樽残すのみで、あとは市場に出荷していました。九月、十月に入ると気温の低下に伴い、果実の肥大が遅くなりますが、この時期の丸ナスは果肉が特に緻密となり、煮食にすると最高の味で、茸のような一種の香りがあります。そして、この当時の三島郡鳥飼村および河内郡盾津村のナスはその代表品種でした。

時代が推移するに従い、古漬は好まれなくなり、浅漬が求められると、丸いナスでは果実全体の漬かり加減にむらができることから、長ナスの登場となりました。明治二十年頃に奈良方面から長ナスが堺、大和川左岸に導入され栽培が始まったといわれます。長ナスは果皮が柔軟で、種子が極めて少なく浅漬に適していたため、その後の大阪市の市街化に伴い、東成郡、西成郡の両郡の南半分および中河内、南河内、泉北郡などに広がっていきました。そのため、昭和の初期には六〇〇〇ヘクタールの中、長ナスが三〇〇〇ヘクタール、丸ナス二〇〇〇ヘクタール、残り一〇〇〇ヘクタールが中長ナスと水ナスとで占めていました。ナスは果皮が柔らかく輸送がきかないことから、軟弱野菜的な取り扱いがされていることから朝どりのナスを荷車で運ぶには距離的に限界があり、府下においても地域に特徴的な品種が土着しているのです。

品種面では、大正十五年（一九二六）度の『大阪府立農事試験場業務行程』によれば「府下におけるナスの好適品種を選定するため、『大阪丸』『大阪長』『水茄子』『津田長』『南部長』『山科丸』『橘田』『眞黒』『中生山茄子』『蔓細千成』『桃山』及び『古河』の十二品種を用い、比較試験栽培を行う」との記載があり、他府県の品種を導入し、生産性向上に向け品種比較試験が行われていたことが窺われます。戦後までは大阪長や大阪丸系統が中心に作られていましたが、昭和三十年代で消えつつある品種ということで、果色が濃紫色、へた下は淡緑で刺のない大阪中長、大阪長蓑葉に仙台長を交配し選抜した大仙長二号、別名蓑葉・本長などの系統を含む大阪長、鳥飼ナスに在来の丸ナスを交配固定し育成した、大仙丸三号および泉南地方でもっぱら作られている果実の水分が多い特殊な晩生の泉州水ナスと、この泉州水ナスと他品種との交雑の結果、多くの系統が生まれ、果形に長卵、卵、丸形があり、果色も黒紫色、帯赤黒紫、濃赤紫の変異があります。

そして、戦後栽培が増加し続け、昭和三十三年には七六四ヘクタールの栽培面積となりました。栽培技術面では、昭和二十二年頃に胡瓜栽培で始まった被覆栽培技術が、昭和二十五年になってナスのトンネル栽培の出現となりました。さらに、昭和二十七年頃のポリエチレン使用による中型、大型幌ハウスの普及が栽培に大きな影響を与えました。また、これら被覆栽培の技術開発については農家の寄与する点が大きく、特に育苗に係わる連作障害に対する野生のナスを接ぎ木する「さし接ぎ法」を農業改良普及員らが開発し、昭和三十八年頃から、その技術を農家に普及させました。さらに、着果促進のためのホルモン処理技術が昭和三十年代の初期に開発されたこと。これも大阪市東住吉区の農家が水田用の除草剤二・四-Dを使った噴霧器をよく洗わずにナスに使用したところ、かけはじめの畝のナスは葉がちじれる薬害が出ましたが、その後の畝のナスでは着果がよく、実の太りも早いという現象を観察し、これからヒントを得て苦心の末適切な濃度や使用法を開発しました。普及事業の上で、「考える農民の育成」の成功事例といえます。そして、その後これら栽培技術に対するたゆまぬ努力の結果、平成十三年の今日においても栽培面積は一三七ヘクタールに減少しこそすれ、大阪がナスの生産で今日でもなお有名な理由がここにあります。

伝統的で忘れてはいけない品種に、前述の鳥飼ナスがあります。摂津市鳥飼地区で生まれた丸ナスで、天保七年の『新改正摂津国名所奮跡細見大絵図・名物名産略記』に「鳥養茄子」の記載があるほど古い品種です。明治、大正、昭和初期にかけ、旧鳥飼村全域で栽培が行われ、最盛期には中央市場に出荷され好評でした。京都の賀茂ナスによく似た特性ですが、やや下ぶくれで皮は柔らかく、果肉が緻密であり、煮くずれはしにくい。戦時中、一時栽培は途絶えていましたが、摂津市の農家が保存していた種子から栽培を再開し、今日まで継続しています。

摂津市ではこの農家に苗作りを委託し、市民農園利用者、一般市民等に苗を無償で配布し、栽培を奨励しています。また摂津市農業振興会に栽培を委託し、取り立てのナスとワイン漬（漬物）が販売されています。

農家がひそかに栽培し続けてきて守った「水ナス」

『庭訓往来』（室町時代後半）の十月状返の点心、菓子の項で「柚柑、柑子、橘、熟瓜、澤茄子」、また、室町時代の武士で南都興福寺の山門奉行であり、その後出家した飯尾為種《ためたね》（?～一四八五年）が書いた『撮壌《さつじょう》集』にも同様、菓子類の項で「蜜柑…覆盆子、郁子、澤茄子、田鳥子…」と記載されており、利用面から明確に「水茄子」を果物の一種として生で食べることのできる特別な品種として位置付けていたものと考えられます。なぜなら、前者の『庭訓往来』の同月後半の「菜」の項では「茄子酢菜」と区別してナスを記述していることからも明らかと考えられるのです。

また、一九三二年当時の貴重な写真では、「水茄子」は中長の果形で、「本家の村を離れると木ナスに化ける」といわれました。このことは肉質が柔らかくできないとの意で、同じ郡内でも他の村で栽培すると果形や果色、肉質が変わることから、門外不出の特産といわれているのです。果実の形は中長ナスの形ですが、両側から緊迫されたように、扁楕円というべき格好で、そのうえ表面がなだらかでなく、線が凸凹にはいり、果実の色も薄紫赤で、あたかも八月の日焼けナスを見るように所々に緑色部が残るナスです。浅漬にした場合には、その味はまことに上々優品ですが、その形、色を見ただけでは誰も試食してみようという勇気は到底出ない。漬けると、まるで果実の色が淡緑色、淡茶色がまだらとなり、食欲がわかない外観となってしまうからです。しかし、味が絶品であることから、「色で迷わす浅漬茄子は」といわれていますが、昭和の初めにデパートで試しに宣伝販売したところ、ついにこれを買い求める客がなかったといわれます。さもありなん、「その声でとかげ食うかやほととぎす」と形容されてしまったということです。農家では美味しいことから、ナスの畑の一部で必ず自家用の水ナスを栽培し続けてきました。それが地域特産として今日まで水ナスが残ることの出来た理由にもなったと思われます。

その後、泉州地域から収集した在来「水茄子」は、市場性を高くする目的で、他品種との交雑が行われたと推定され、果形は巾着形、中卵形、中長形あるいは果色においても黒紫色、帯赤黒紫、濃赤紫、同様、果実比重も〇・七三〜〇・八八と、様々な変異系統がありましたが、現在、泉州地域で栽培されている「水茄子」の元になったナスの播種台帳（一九四四年）に初めて記載があったことから、濃紫色系の「絹茄」がすでに生まれていたといえます。そして、この「絹茄」に選抜や自然淘汰が加えられ、品種分化し、現在の「水茄子（絹皮水ナス）」に至ったと考えられます。また、中国・福建省の漳州《しょうしゅう》市の在来品種と推定される「灯泡茄《とうぼうなす》」が長卵形で、果皮とへたに緑色が混ざった淡赤紫色で、果実比重が〇・七七と高く、果実に強く力を加えると果汁が滴り落ちる特性を有し、「水茄子」、および新潟地方の「十全」、「梨茄」の果実特性に酷似していました。

『新潟の園芸』（一九八六、八九年）によれば、「昭和の初めに中蒲原郡十全村（村松町）の篤農家がA種苗から導入した水ナスを自家栽培していたものが、その後臼井村（白根市）に伝わったのが始まりといわれ」と聞き取り調査していることから、上記の品種等は泉州の「水茄子」の形質がそのまま残っているか、多少の形質変異を伴いながら品種分化し、そのまま地域に広がり、定着し、今日に至っているものと推定されます。

前述のように、古いタイプの薄赤紫色の「水茄子」と同系と推定される長卵形の中国の「灯泡茄」を特性調査で発見したこと、また、「涼水茄」については一九九八年八月に天津の東麗区および天津市蔬菜研究所で調査し、この品種は果色が白で、果形には偏円形と長卵形の二種類を確認することができました。また、水分はさほど多くありませんが、生で食べてもあくが少なく、比重は〇・七四と高く、現地では十年ほど前まで、栽培されており、一般家庭で食事の前後に菓子の一つとして食べていたということでした。なお、河南省には果実の水分が多い「糙青茄」という栽培品種の報告もあり、「水茄子」とよく似た果実特性を持ったナスが中国に現存していることが明かになっています。

海岸に近い川沿いで良い「水茄子」がとれる

泉州地方の、「水茄子」が主として河川に近い水田に栽培されていた理由については、以下のように推測することができます。すなわち、『江戸時代に於ける和泉地方の農事調査』（一七三五年）によれば、耕作物のうちナスが記載されているのは現在の堺市の舳松村、中筋村、北之庄、湊村、岸和田市の岸和田村、貝塚市の海塚村、脇浜村、加治村、畠中村、泉佐野市の佐野村とあり、海岸に近い川沿いの側の村々にナスの栽培が盛んであったことが窺われます。これはナスが連作を嫌い、栽培に水が必要で、肥沃な砂質土壌条件が不可欠であることが大きな理由の一つとして考えられます。また、根の性能からみて、土壌湿気が高い場合に限り、生育が旺盛で良質の果実が生産でき、乾燥地では全く生育収量の上がらないナスを「水茄子型」とし、「山茄」のように乾燥地でも生育が旺盛で収量のあがる「陸茄子型」に分類されています。

また、「千両二号」などの品種では多肥料としても障害はみられませんが、「水茄子」には新葉が萎縮する濃度障害が発生しやすいことから、根の耐肥性に品種間差のあることを示すものであり、前述の農事調査にみられるようにナスが河川の近くの畑で栽培が多かった理由の一つと考えられます。

次に、江戸時代の『享保・元文産物帳』（一七三五年）の和泉物産にナス品種として「いしり」、「よも張」、「白茄子」の三品種が記載されていましたが、「水茄子」はありませんでした。このことは同産物集成の中、他の越前、加賀、福井領、在田郡等には「水茄」の記載はありますが、いずれも「なかなすひ」「長なすひ」などの注釈が付記されており、現在我々が、水分の多い果実特性から名付けている品種名とは異なった解釈をしていたと考えられます。何故なら、江戸時代の本草学者たちは中国の『王禎農書』及び『本草綱目』の影響で、「水茄」は形がやや長く、果色には紫、青、白の三種類があるという記述から判断したためと考えられ、同様に、『穀菜便覧』（一八九八年）のナス品種の説明に九州の「佐土原水茄（なかなす）」や「清国水茄（なかなす）」の図と振り仮名で説明していることからも「水茄」を長ナスと解していることは明かです。

一方、中盛彬の見聞録『かりそめのひとりごと』（一八一九年頃）の第百五十七話に、「湯漬のおさえに茄子の浅漬を出せにし、こは格別の佳味上之郷村の茄子なり」とあったことから、浅漬に適したナスが、当時現在の泉佐野市上之郷地区にあったものと推定されます。しかし、果形が長ではなかったため「白茄」、「よも張」、「いしり」のいずれかの品種名がつけられたのではないかと考えられますが、各品種の特性が不明のため、現時点ではその特定が困難です。

さて、「水茄子」という品種名は前述のように、室町時代の『庭訓往来』や飯尾為数（一四五七年頃）が書いた『撮壌集』に「澤茄子」としてはじめて登場し現在まで続いていますが、その使われ方については水分が多い特性に対して名付ける場合と、中国農書の影響で長ナスを意味して名付ける二つの場合がありました。さらに推測を広げるならば、『庭訓往来』に書かれている「澤茄子」の「澤」は産地を特定する地名ではなかったかと考えられます。そして、水分が多い特性と地名とを結んで「澤茄子」と命名したのではないかと想像されます。なぜならば、後世の解説本『庭訓抄』、『底訓往来具注抄』、『庭訓往来』にはそれぞれ「ミツナスビ」、「さハなすび」、「さわなすび」と異なった振り仮名を付記していることも、この考えを裏付けるものです。また、近木郷（貝塚市）の澤村、畠中村は平安時代より高級櫛の生産地で、「近木櫛」として天皇や貴族へ献上しており、みやげの一つとして、和泉酢やこの「澤茄子」を進上したのではないかとも考えられます。献上櫛の関係で、この村の人々は雑役や年貢を特別に免除されていた地域であり、名産「和泉酢」が諸国の名産の節に載せられていることからも、『庭訓往来』の著者は和泉国についての知識が多く、点心の項に食べた経験のあるこの水分の多いナス、つまり「澤茄子」を他の菓物と同列で点心・菓子の項に特記した可能性があると考えられるのです。そして、これらのことを総合すると、近木郷の澤村付近（貝塚市沢）が「水茄子」の発祥の地で、その時代は室町時代に遡るのではないかと考えられます。また、点心、菓子としての「水茄子」がその後の資料で記載されていない点については、このナスが特定地域にのみ限定栽培された品種であったことから、一般の人々には入手が難しく、食する機会が極めて少なかったことが、それ以降の資料に「水茄子」が出てこなかった理由のひとつと考えられます。

以上のことから、泉州「水茄子」の来歴を要約すると、『王禎農書』（一三〇三年）に記載されている「水茄」または「番茄」が中国から八世紀頃にわが国にすでに伝来し、その中で、果実水分の多いナスが泉州地域にもたらされ、果色だけが赤紫色化した「水茄子」がその後できあがり、さらに、その血を引く「絹茄」あるいは北陸地方の「十全」、「梨茄」へと品種分化し、現在に至っているのではないかと思われます。このことは、「水茄子」と同じような特性をもった「灯泡茄」、「糙青茄」、「涼水茄」が中国に現存していることからも明かです。

また、泉州地域から収集し一九九七年に栽培した「水茄子」は、ハウス栽培と露地栽培で比較すると、一般に果形が長くなる傾向がありました。ナスは連作障害を防ぐため接木栽培を行っていますが、接ぎ木をするとやや果形は短卵形となりました。そして、果実の横断面の形には接ぎ木の影響はほとんど現れませんでしたが、露地栽培に比べ、ハウス栽培の方がやや横断面が楕円形（巾着形）になる傾向がありました。また、果実比重もハウス栽培に比べ、露地栽培の方がやや比重が高くなります。このように、「水茄子」は品種・系統間で果実形質に差が認められるとともに、栽培条件が変わると果実の形や比重が変わるなど変動しやすい品種であることが明らかとなりました。

その後、「水茄子」の一系統である、果皮が濃紫色の絹茄の市場性が高いことから、徐々に昭和三十年頃より増えていきました。その当時はまだ、泉州地域のみに限定され生産、消費されていましたが、平成七年になって、浅漬にした場合の美味しさが評判となり、全国的に人気が出てきました。

水ナスは全国で人気沸騰中

水ナスは炎天下の農作業で喉が渇いたときに「食べて渇きを癒した」といわれるほど果実の水分が多いナスであり、浅漬けに卓越した食味のある泉州の伝統野菜で、明治二十一年の農事調査では岸和田以南に約三・三ヘクタールの栽培があったとされています。大阪府では、水ナスをなにわ特産品として、生産体制を支援する方向で施策が推進されています。府内はもとより府外でも注目され、一夜漬にすると、その味が絶品であるため、需要が急速に増大している状況ですが、これまで地域独特の在来品種として、門外不出の種子と技術により受け継がれてきたため、品種や系統間の生育・収量差異や栽培管理に伴う生育・収量の差異などについての蓄積されたデータは多くありません。泉州の水ナスは、歴史的にも伝統野菜として位置づけられ、今までは地域に限定され消費されていたナスでしたが、平成十一年の作付け面積は約二三ヘクタールと推定され、生産規模も増加の傾向にあります。また、特別表示食品適性化認証事業の第一号として「水なす漬」が平成七年に認定され、目下全国区をめざし人気沸騰中です。大阪府立農林技術センターではこの水ナスの品種特性を明らかにするとともに、一九九六年には収集した十六品種から、短卵形で二品種、卵形で二品種の優良な四品種を選定しました。しかし、これらの品種も果実の品質が栽培法の違いで変化しやすく、栽培技術の面でなお改善の余地があり、秀品率を高めるため、選定品種の生理生態的特性に適した育苗技術、潅水、土づくり、防除などを柱に、環境保全を視野にいれた水ナス産地支援のための技術開発に取り組んでいます。また、絶えてしまったと考えられていた昔の「水茄子」を復活させようと、農家においても試作が始まったところです。

吸物にナスの砂糖漬！

『助松屋文書』の法事献立には、ナスの料理はそのほとんどが香の物、すなわち漬物として登場します。その中で、奈良漬が四割強を占めます。漬物以外の料理としては、次の三件があります。

一、坪　くろこま入こくしょう　なすび、生ずいき　明和六年三月二十四日
二、吸物・　順才、なすび砂糖漬　天保十年三月二十三日
三、汁　なすび　嘉永二年九月十七日

一の坪は、焼きナスにして皮をむいたものか、あるいはナスの皮をむきゆでて、水につけてあくぬきをしたものとズイキを黒胡麻入りのこくしょう（濃漿）につけて食べたものでしょう。こくしょうとは、濃い味噌汁のことですから、鯉こくのように、ナスとズイキをこくしょうで炊いたのかもしれませんが、炊くと色がきたなくなるので、ここではこくしょうは調味料として使ったと思われます。

二の吸物に「順才《じゅんさい》（蓴菜）」は納得できますが、ナスの砂糖漬は驚かされます。筆者は以前、助松屋の法事献立（天保七年＝一八三六＝二月二十五日　釋了寿百回忌献立）を再現したことがありますが、そのときは吸物に金柑の砂糖漬と明か竹《みょうがたけ》（茗荷の出はじめ、竹の子のような形をしている）が入りました。吸物にとんでもないと思った金柑漬でしたが、食べてみるとこれが案外いけたので、ナスの砂糖漬も吸物に合うのかもしれません。

三の汁は、おそらく白味噌のおつゆでしょう。法事の料理献立には、かならず汁がつきます。その中にナスが入るのは、このとき一回だけでした。

助松屋の法事料理には、なぜか「ナスの田楽」が出てきません。ナスの田楽については、喜多川守貞が著した江戸時代の風俗に関する考証的随筆である『守貞謾稿』に、「京坂では、なすびのでんがくと云い、江戸ではなすのしぎやきと云う、京坂では、茄子の皮をむき、二つ三つに切って、竹串に二つ三つずつさして、胡麻油をつけ、糀味噌に白糖を加えてすったものを両面につけて焼く」とありますが、なかなか美味しそうです。

茄子をナスビと発音するか、ナスと発音するか。大阪では、江戸時代からずっとナスビと発音していました。あるいは、「おナス」と発音していましたが、江戸では、『守貞謾稿』の記述で分かるようにナスと発音していました。このごろは、大阪でもナスということが多くなりました。

キュウリ（胡瓜）

切り口が葵の紋に似て武士に嫌われた

漢の張騫が西域に旅した時に種を持って帰ったので「胡瓜」といいます。その後随の時代になり忌みをさけて「黄瓜」と名を改めました。わが国において、これまで『本草和名』（九一八年）にはじめてキュウリの名が見えるといわれていましたが、『平城宮発掘調査出土木簡概報』に「物部廣庭進黄瓜壱拾参顆」、「多米麻呂進黄瓜壱拾肆顆」、「従意保御田進瓜一荷　納員百三顆持越仕丁　天平八年八月五日国足」、「園池司　佑出雲鎌束進　熟瓜三顆　生角豆二把　天平八年七月二十四付俺智造縄麻呂」および「政所　片岡本宅司　毛瓜弐顆　最…天平八年七月」の記載があり、黄瓜、瓜、熟瓜、毛瓜（冬瓜）を区別して表記していることから、黄色になった瓜すなわち今日でいうキュウリが奈良時代、すでに渡来していたものと考えられます。また、品種面では『百姓伝記』に青、白、黄、短い、一・二尺の長いキュウリや太さが六、七寸のキュウリ、熟すると金黄色になる品種のあることや、『本草図譜』にはシロキュウリとして果実の上半分が緑、下半分が白で黒疣《くろいぼ》の半白系のキュウリが図示されていることなどから、江戸時代において、華北系と華南系キュウリとの雑種および華南系品種がすでに土着していたものといえます。キュウリの食べ方については、室町時代に書かれたとされる『庭訓往来』に酢菜胡瓜甘漬とあり、その他、『百姓伝記』には「なますや生食、塩蔵して食した」とありますが、果実の苦みが強かったことやキュウリの切り口の胎座部の形が葵の紋に似ていたため、江戸時代には武士に嫌われたことなどから、ウリやマクワウリに比べ低い地位にあったとされていました。しかし、長く続いていたこのような風潮も、『私家農業談』に、「他の瓜に先立ってなり始め、初物として和えものにしたり漬物にするなど、農家の副食物として重宝なものであり、竹や小柴で垣根を作り、これにはわせて栽培する」とあり、一七九〇年頃からキュウリの利用が急速に広がっていきました。

発祥の地の名前が冠せられている「毛馬キュウリ」

文久《ぶんきゅう》三年（一八六三）、大阪古地図の『大阪産物名物大略』に、唯一キュウリの品種名として記載のあった「毛馬《けま》胡瓜」は、現在の大阪市都島区毛馬町の地名がキュウリに付けられていることから、本品種はこの地区に起源または発祥したものと推定されます。一三〇〇年前の地図上では、この辺りは淀、大和、河内の諸川が合流する所に点在した中州にすぎず、そのひとつに毛志島がありました。その後、陸地化し、平安朝以降に民家が現れはじめ一村を設け、時期は不明ですが毛馬村と名付けられたものであろうとされています。河川の氾濫で何度も洪水に見舞われていた当地区は、一六二六年に治水工事が行われ、新田となり田園として開拓され、毛馬村を含む淀川筋の地域は、河川の運ぶ土砂が堆積した肥沃な砂質土壌であり、野菜の生産に適した立地条件を形成していきました。

一方、大坂は三郷（北組、南組、天満組）を合わせて約四十万人の大都市を形成するようになってきたことから、一六五一年には官許可の青物市場が現代の大阪市京橋片原町に開設され、後の天満市場となりました。そして、大坂南郊の畑場八カ村や、東成郡の天王寺村、住吉郡の遠里小野村、桑津村、西成郡の江口村、海老江村、西郊の市岡などで、一七〇一年頃に至り商品性野菜の生産が盛んとなり、市場を通じ野菜が市民に供給されるようになったのです。長い間、当時の市場は、取扱独占の特権をもっていましたが、一八六〇年に天満市場の問屋年行司及び西奉行あてに、東成郡の沢上江村、中野村、善源寺村、友淵村の庄屋が連名で、各村々の百姓が作った野菜を市場で立ち売りするための許可願を出しました。そして、許可願の中に十六品目の野菜があげられ、その一つにキュウリが入っていたことから、上記村々を含む現在の都島区一帯に、キュウリが栽培されていたことが明かになりました。

キュウリそのものが、青物として流通消費されていただけでは、おそらく前述の『大阪産物名物大略』には記述されなかったと考えられますが、この点については、粕漬に関する記録にその答えがあるようです。大坂に於ける漬物の歴史は豊臣秀吉の大坂冬の陣に遡り、天王寺の六満体で漬物業「六満堂」を営んでいた村上氏は、干蕪の製法を正保《しょうほう》二年（一六四五）に完成させ、天王寺蕪のことは天王寺麸ともいわれ、全国にその名声が轟きわたることとなりました。また、十七代目の村上嘉平治は天王寺蕪の粕漬の製法を享保《きょうほう》二十年（一七三五）に創始し、さらに、二十代重兵衛は寛政《かんせい》二年（一七九〇）に「蕪の他に白瓜、茄子、西瓜、胡瓜、細大根の五種を漬け、浪華漬の名称で販売」し、寛政七年には四天王寺総坊の漬け物御用達を命ぜられるほどになりました。つまり、時代の経過とキュウリに対する風潮の変化と相応し、一七九〇年代に至ってキュウリの需要が高くなり、青果以外に保存食としての粕漬が完成し、それにキュウリが用いられたことが明らかとなったのです。そして、当時の品種は半白系品種が主に用いられたと考えられ、毛馬キュウリが玉造黒門越瓜、守口大根などとならび奈良漬けに珍重されていたことにより、『大阪産物名物大略』に「毛馬胡瓜」が記載されたものと考えられ、他地域のキュウリと区別するため発祥地である毛馬村にちなみ「毛馬キュウリ」と呼称したものと推定されます。

トンネル栽培からハウス栽培へ

生産面では堺の篤農家秋田屋惣平は嘉永《かえい》三年（一八五〇）頃に、半切と油紙を用いたキュウリの発芽法を開発し、日当たりの良い場所に植え、風をよけ温を取りながら栽培し霜がまだ降りている初春に収穫する促成栽培法を試みましたが、これを信ずる者がなく、キリシタンの邪法などとされ、投獄されてしまいました。しかし、その息子惣平は父の意志を継ぎ、専ら促成栽培に従事、研究し近所の農家にその栽培法を授け、ともにキュウリ生産の発展に努めたことにより、堺キュウリの名は秋田屋の名とともに遠くまで知られるようになったのです。江戸時代の終わりから明治にかけ、このように新しい栽培法が開発され、ますますキュウリに対する生産と消費が拡大していきました。

明治二十一年の『農事調査』によれば、府下の総収量は約百十六万貫であり、一ヘクタール当たり六千貫の収量と仮定すると、栽培面積は延べ約一九三ヘクタールとなります。そして、現在の大阪市（当時の東成郡、住吉郡、西成郡、大阪市）で約三六ヘクタールの栽培があったと推定されます。そして、その後も需要が増加し、大正六年（一九一七）の統計では府全体で約二六二ヘクタールの栽培面積となりました。そのうち、東成郡と中河内郡（東大阪市）で合わせて約八九ヘクタール、泉北郡で約九八ヘクタールの面積となり、両産地で全体の約七一パーセントを占めていました。そして、栽培品種は前者が「毛馬」、後者が「堺節成」が主体で、一部夏キュウリとして、日露戦争の際堺市の播磨氏が導入栽培した華北系品種の「北京」と華南系の「堺白節成」と華北系の「清国三尺」の雑種と推定されている「台湾」がわずかに導入されているにすぎず、当時の大阪では、「毛馬」に対する需要の高かったことが窺われます。

この様に、半白系のキュウリに栽培は限られていましたが、昭和十年代には、原種そのものの栽培はほとんどなくなりました。しかし、品質が良いことからこれを花粉親とした一代雑種の育成が昭和七年からわが国で初めて行われ、大仙節成二号×大仙毛馬一号（二号毛馬）や大仙節成四号×大仙毛馬一号（四号毛馬）などが育成され、大仙毛馬にとって代わっていきました。昭和二十八年（一九五三）の統計では、全作付面積五七二ヘクタールのうち泉北郡東陶器村、西陶器村、堺市百舌鳥、大阪市山之内町、布施市を中心とする周辺の一二〇ヘクタールで毛馬を片親にした一代雑種が、それ以外の地域では半白節成系または節成系品種、あるいはこれら二品種間の雑種品種が栽培されるようになり、固定種「毛馬」の栽培は、一部の自家用を除き、全くなくなってしまいました。その後、さらに食生活の洋風化と消費の周年化が進み、昭和四十年代に入り、緑鮮やかで皮の薄い果実が二〇センチ位の白いぼ系の品種に変化し、自家用を除いて「毛馬」はほとんど姿を消してしまったのです。

キュウリの栽培については、早植も霜がおりたら枯れてしまうことからその植付時期は地域によって限界があります。そんな中、大阪市住吉区の浅田寅吉は昭和十四年に府農事試験場の小田鬼八と相談し、神戸市魚崎のキュウリ栽培農家西村清次郎を訪ねトンネルの作り方を学び、早速その通りやってみましたが失敗し、キュウリが枯れてしまいました。魚崎とは土壌条件が異なることに気付き、潅水方法を改良しキュウリのトンネル栽培の基礎を築き上げました。昭和十六年四月一日にトンネル内に定植しましたが、同月七日の大霜でまた全滅となってしまいました。当時のトンネルの資材は和紙にエゴマ油を塗布したものでしたが、保温性を高めるため材質に工夫し、駄菓子包装用のロウ紙を探し求め、奥さんにミシンで継ぎ合わせてもらい大きなトンネルを作り用いたところ栽培に成功し、普通より一月早く収穫することが出来るようになりました。時に昭和二十二年で、一地域の集荷商人がキュウリの品質が良いことを吹聴したことから、他のキュウリ生産者もじっとしていられなくなり、二十三年からはトンネル用資材の研究を製造業者とともに行いました。パラフィン紙の強度調査などを経ながら、本格的な集団栽培を行うこととなり、着々と成果が上がり、府内はもちろん他府県からも視察者の洪水に悩まされるほどとなり、数年でこの栽培法が全国的に普及することとなりました。この技術の普及を好まない人々に、浅田はあまり詳しい説明をしないようにと戒められたそうですが、同氏はそんなせまい考え方では進歩がないと、その後も普及指導に訪ねる人があれば技術を教えたそうです。昭和三十年代にビニルやポリエチレンフィルムの普及により、トンネル栽培は急速に少なくなり、同氏も昭和三十一年にポリエチレンで簡単なハウス栽培を試み成功し、和歌山、高知県などの視察の後、昭和三十二年より三国ヶ丘の中谷ら有志とともに本格的にハウス栽培に取り組み、さらに一月早く収穫が可能となりました。このように浅田寅吉はキュウリ栽培では決して忘れてはならない先駆者の一人です。

地域振興の核として復活する「毛馬キュウリ」

大阪府立農事試験場では、府下で最も重要にしてかつ一般的栽培品種の毛馬および白節成の二品種について大正十二年より品種改良を始めました。そして、毛馬については「十三付近から出される毛馬がいわゆる本毛馬で、純粋に近い毛馬の系統を伝え、河内の毛馬に比較し、形はやや小型であるが、甚だ優美で肉質が緊り、上物は奈良漬けにも使用され一本三銭以上で買われ…」との記述から、昭和の初めには、特性の違った二系統の「毛馬」が大阪にあったことがわかります。その後、昭和五年に試験場へ赴任した地方農林技師・熊澤三郎は、高井田村（東大阪市高井田）の在来系統から品質、収量性に優れ、果長が四五センチに及ぶ優良系統を選抜し、昭和七年に「大仙毛馬1号」と命名しました。果実の果梗部は淡緑色ですが、果頂部よりの三分の二は淡緑白色となり、収穫適期には多少黄色気味となりますが、果実の歯切れが優れています。

毛馬キュウリの歯切れ、果色、香り特性など、果実の品質が優れていることに着眼し、大阪府立農林技術センターの前身である旧農事試験場が、農林水産省の試験研究機関に昭和三十一年に分譲していた同品種の種子を平成十年に里帰りさせ、六十五年ぶりに復活し、その生産振興と普及に取り組んでいます。

現在、河南町、千早赤阪村、堺市、河内長野市で試験栽培するとともに、一部朝市で販売が行われています。また、「毛馬キュウリ」の粕漬が平成十二年十二月にデパートで試験販売されるなど、府民へのお披露目が進みつつあります。このような情勢変化にともない、料飲関係者の関心も高まり、なにわの伝統野菜の一つとして、「旬」の「美味しい」この毛馬キュウリの利用を望む声がでてきています。また、与謝蕪村の生誕地でもある大阪市都島区では「毛馬きゅうりの蕪村くん」というスタンプを作り、書類の発送の際の封筒にそのスタンプを押印し、区民に伝統野菜を啓蒙しています。さらに、小学校の総合学習への導入、敬老会の行事への組み込みなど、「毛馬キュウリ」発祥地として地域振興の有力な手段として力が尽くされています。そして区役所から配布された苗を用いた毛馬キュウリの栽培の輪が広がりつつあります。この様な情勢のもと、平成十三年度は、五月に「毛馬胡瓜粕漬・浅漬」がEマーク（高品質、正確な表示、環境との調和の英語の頭文字）の認証を受け、漬物業界も弾みがつき、一般消費者の口コミなどにより、農家の生産意欲も高まり、約三〇アール以上の栽培希望がありました。毛馬キュウリが消費者の食卓にのぼる日も近いと思われます。

膾《なます》や差味《さしみ》にさかんに利用されたキュウリ

ずっと古い時代から日本人になじみのあったキュウリは、江戸時代にはもちろん、さかんに食べられていました。

『助松屋文書』の法事献立に、キュウリは次のようなかたちで登場します。

一、膾　けんさくろ　こまず　木ふり、ひしき、せうが、上ケふ、しそ　明和六年五月八日

二、膾　けんきんかん　しらす　丁子はす、あけふ、煮くり、刻さからめ、木うり　安永六年八月八日

三、膾　けん青梅　三盃酢　うと、木瓜、結ひじき、糸こんにゃく、祇園坊才　享和二年四月十八日

四、差味　かいしき松　猪口いり酒　紅ようかん五枚重、川たけ、木瓜　天保七年二月二十五日

五、向　生盛差味いり酒　改敷ひば　大根白髪、練羊寒、木瓜切重、山吹そば、岩茸　弘化二年八月十一日

六、向　生盛改敷ひば　猪口いり酒わさび　煉ようかん、山吹そば、かうたけ、木瓜、くり白髪　嘉永六年二月十八日

一、二、三、の膾のキュウリ（木ふり、木うり、木瓜）は、ヒジキやウドなどといっしょに盛りつけられ、胡麻酢や白酢や三杯酢をふりかけて食べます。「差味」とか「向」には、岩茸やコウタケ（革茸、川茸、香茸）などの地衣類、キノコ類や大根白髪などと、きれいに盛りつけされて調味料の「いり酒（煎酒）」につけて食します。いり酒は今ではほとんど滅びてしまいましたが、酒一合に大きな梅干しを二つ入れて煮つめ、鰹節と醤油を入れてさらに煮つめて漉してつくる非常においしい調味料です。ただし、精進料理の際、鰹節は使いません。

江戸時代の大坂で食べられていたキュウリは、堺節成《さかいふしなり》という種類でしたが、幕末には「毛馬キュウリ」の栽培も始まっていましたから、天保、弘化、嘉永期の献立にある、いり酒を調味料として食されたキュウリは、毛馬キュウリだったかもしれません。もし毛馬キュウリであれば、生のまま切り重ねて、サラダのように調味料をつけて食べると、抜群の味だったことでしょう。『三風料理』には、西洋料理の部に「胡瓜油煎の法《きゅうりあぶらあげ》」が出ていて、キュウリの皮をむき、斜めに切って麺粉（うどんこ）をつけ、褐色（茶色）になるまで油であげるとしています。いわばキュウリの唐揚ですが、果たして味はどうだったでしょうか。

現在、私たちが食べているキュウリはほとんど一種類、白いぼキュウリです。筆者のこどものころを振り返ると、昭和二十年代や三十年代には、太くてちょっと白っぽくて、中にぺちゃんこの白いタネ（ずー）がいっぱい詰まった黒いぼ系の半白キュウリや、イガイガの鬼キュウリ（四葉〔スーヨウ〕系、夏キュウリ）など、いろいろなキュウリがありました。半白キュウリは、ぬか漬の浅漬で食べると美味しくて、夏場の朝食は茶漬にキュウリやナスの浅漬ときまっていました。

「毛馬キュウリ」は戦後すでに生産されなくなっており、筆者も食べたことはありませんでしたが、最近復活した「毛馬キュウリ」を食する機会に恵まれ、「ざくざく（うざく、鱧《はも》の皮のざくざくなど）」や漬物にして食べてみて、そのおいしさに驚嘆させられました。

ユウガオ（夕顔、カンピョウ＝干瓢）

古くから食用と容器に利用

原産地はインドおよび北アフリカとされ、一般には容器としての利用が多く食用にしているのは日本と中国ぐらいです。中国では二〇〇〇年前から栽培されており、わが国へは三、四世紀に渡来したと推定され、『源氏物語』には観賞用または果皮を各種の容器として利用する目的で栽培されていたことが記述されています。

『毛吹草』、『摂陽群談』、『五畿内志』にも大坂木津（難波）のカンピョウが名産として記載されています。また、『日本山海名物図会』にも「木津の干瓢」とあり、当時は大坂の木津村辺りは畑場八カ村に当たり野菜の一大生産地であり、カンピョウ以外にもニンジンなどが有名でした。図会には、カンピョウのつくり方が紹介されています。まず丸い大きなユウガオを男の人が約三センチの厚さに輪切りにします。赤ちゃんをおぶった婦人が剃刀を左手に持ち、一抱えもありそうな輪切りにした大きなユウガオを右手で膝の上で回しながら皮を薄くむきます。背丈以上にむいた紐状のカンピョウを、そばの物干しの棒に架け、男の人が紐で棒をつり上げている様子が描かれており、当時のカンピョウをつくる工程がよくわかる図会です。

もともと大阪で栽培生産されたカンピョウ

現在では栃木県がカンピョウの主産地ですが、栃木で栽培が行われた経緯については「正徳《しょうとく》二年（一七一二）六月、江州（滋賀県）水口の城主鳥居伊賀守忠英が、下野《しもつけ》国壬生《みぶ》城主に移されたとき、江州名産の瓢種を水口村からとりよせ、新領地奉行の松本茂衛門に命じて領内各地に配布、試作させたことから始まった」と伝えられています。そして、栃木で広く普及され始めたのは明治十六年に大阪天王寺で開催された内国博覧会で、犬飼村の農民が入賞し、名声を高めたことからです。別に、「天正《てんしょう》十八年（一五九〇）に、山陰道丹後の木津の郷から種子を得て、試作したのが初めてである」とのいい伝えもありますが、丹後の木津は現在の京都府網野町の木津を指すのではないかと考えられます。木津という地名はそのほか京都の相楽郡、兵庫県の猪名川町、和歌山県の海南市および滋賀県の日野町にありますが、前段の資料から推察するとやはり大坂の木津がカンピョウの発祥地であったことは間違いないものと考えられます。なぜなら、関西ではカンピョウのことを昔から「きづ」と呼ぶ習慣が市場のセリ関係者の間であります。いずれにしても『日本山海名物図会』にカンピョウづくりの作業や天秤棒に前と後ろに篭いっぱいカンピョウを積んで振り売りする様子が描かれていることや、『毛吹草』の資料などの記述から、江戸時代になる前から大坂の名物の一つであったことは明らかと思われます。また、大阪の木津・難波に八坂神社があり、関東方面からカンピョウを扱う商人が、昭和二十年頃まではカンピョウのできる頃にお参りに来ていたといわれています。また、「嫁にやるまい木津・今宮へ、夜さりゃかんぴょうの皮むかす」という歌が残っており、夜まで仕事をしなければならなかったようです。

ユウガオは品種の分化が少なく、丸形と長形、果皮の色については白と青の二種類があります。長ユウガオは若い果実を食用とし、北陸の石川辺りでは味噌汁の具や煮物に利用されています。カンピョウ作りには大型の丸系統が用いられ、栃木県では在来種より品質、収量性に優れた「しもつけしろ」と「しもつけあお」を育成しています。大きいものは四〇キロに達しますが、一般には二〇キロまでの果実がカンピョウ作りに用いられています。栃木は内陸性で寒暑の差が大きく、晴天が多い気象条件の地域であり、カンピョウの乾燥に適した風土が生産の多い理由でもあります。

カンピョウのアチャラ料理とは

江戸時代、大坂三郷の南につづく木津村は、カンピョウの産地として有名でしたが、『助松屋文書』の法事献立には、カンピョウは三回登場するだけです。

一、　壱　　さつまいも、かんひやう煮しめ　寛政二年八月二十六日

二、　平皿　まき湯葉、しいたけ、かんひよう　嘉永二年九月二十四日

三、　猪口　白酢あへ　かんひよう、きくらげ　嘉永四年十月十二日

一と二は、甘く煮たものでしょう。二の方が薄あじに仕上げてあるような感じがします。三の白酢（しらず・しろず）和えは、炒り胡麻あるいは炒りけしの実をすり鉢ですり、豆腐をすり入れて、酢でのばした白い調味酢であえたものです。おそらく砂糖を加えていると思いますが、案外カンピョウの自然な甘味を生かして、すっぱいまま食べていたのかもしれません。

『助松屋文書』のほか、江戸時代の料理献立をいろいろ見てみましたが、カンピョウはなかなか出てきません。カンピョウは、法事献立のようなハレの料理や料理屋の料理には、あまり使われなかったのかもしれません。精進料理の出汁には、昆布だし、椎茸だしとカンピョウだしがあります。カンピョウは出汁《だし》をとるものという感覚があり、日常食の食材と認識されていたのでしょうか。

明治四十年発行の『家庭惣菜と料理法』に、「干瓢のアチャラ料理」という料理が紹介されています。カンピョウをゆでて、絞り、水気を切っておきます。酢三分に醤油一分酒一分の割合で合わせて煮立たせ、冷ましてからカンピョウを入れます。二十分ほどで引き上げて堅く絞って、鉢にならべ、白砂糖に粉唐辛子を少々まぜたものをふりかけ、ふたをして半日そのままにしておき、一寸ほどに切りそろえて皿に盛りつける、というものです。アチャラとは、ペルシャ語のa char（漬物の意）に由来するポルトガル語で、アチャラ漬はダイコン、カブ、筍、レンコンなどを細かく刻んで、唐辛子を加えて甘酢に漬けたものです。

大阪船場淡路町の「吉野寿司」は、江戸時代から続く大阪寿司の老舗ですが、その三代目当主が、それまでの押し寿司に鯛、海老などの上ものの魚を用いてさらに工夫を加え、新しい箱寿司をつくり上げました。その吉野寿司の巻き寿司は、まったりと甘く、のりがこの上なく美味で、具はカンピョウと高野豆腐とミツバだけの精進巻き。具のカンピョウの味と歯触りが通たちをうならせています。

シロウリ(白瓜、越瓜)

漬物にぴったりのシロウリ

中国、インド、近東、アフリカなどに分布し、ククミス・メロの変種とされ、果実が熟してもメロンやマクワウリのように甘くならない瓜です。中国古代の越の国から伝わった瓜ということで、越瓜と書いてシロウリと読んでいます。広東広西方面に消瓜や香瓜があり、もっぱら醤菜(醤油漬)や味噌漬に愛用されています。『斎民要術』に栽培法や加工法が記載されています。わが国には『二条往路木簡』に「菓子瓜漬　天平九年九月一日」、『本草和名』に「つのうり」、『和名抄』に「しろうり」、また、果実が柔らかくならないことから「かたうり」とも呼ばれ、シロウリは肉が厚く、質が緻密で漬物に適すことから醤油漬、粕漬、辛醤漬にされてきました。江戸時代には重要な野菜の一つで、早出しが行われるほどで、戦前まではいろいろな種類の漬物を各家庭で行っていたため、小型の品種が重宝がられましたが、戦後は漬物を作らなくなったために、青果の需要が減少し、奈良漬の業務用として大型の瓜のみが栽培される場合が多くなっています。

夏野菜として江戸時代の庶民が好んで食べた

『毛吹草』に西成郡の「木津越瓜」とあり名産であったことが記載され、そして木津、今宮がシロウリの促成栽培の元祖であるとも伝えられています。『奥州観蹟聞老志』には「其色青黒にて緑筋細点あり、其味霜を破り、氷をかむの美あり之を幾都キヅのと云う」とあります。シロウリには果色から、白色と緑色の二種類があります。白色の瓜のことを白瓜とも書かれていました。徐々に西成郡から東成郡にも栽培が広がり、玉造辺りでも作られるようになり、緑色の「玉造黒門越瓜」という名産が出来ました。これは、大坂城の玉造門が黒塗りの門であったことから、黒門という名が生まれ、稲荷新町の高札場から平野口町を経て、猫間川船留まりに架かっていた大阪最初の石橋が黒門橋と呼ばれていました。そして、この辺りで作られていた瓜のことを「玉造黒門越瓜」と呼称し、天保《てんぽう》七年（一八三六）の『名物名産略記』に記載されるほどでした。一般に、「くろもん」と呼ばれ、果実は長大で、濃緑色で八〜九条の白色の縦縞があり、粕漬にしておいしかったことから名産となったものです。

粕漬の作り方は、『和漢三才図会』に「六月の土用のうちに鮮青色のものを採り、割って蛤貝でなかごをこそげ去り、小舟の形にする。そこに、灰を盛り入れて一時ばかりして水湿を取り去り、灰を拭い去って塩を盛り入れる。およそ瓜十に酒糟（粕）三十斤を用いて瓜を包み蔵し、それぞれがくっつかないようにして固く封をする。大抵七十五日でで き上がる。用いるときは瓜を取りだしたあとの糟をよく抑えて風が入らないようにする」と書かれています。このような方法で漬けられたと思われる瓜について、貞柳は「黒門といえども色はあおによし 奈良漬にして味をしろうり」と一首とどめています。ウリには太種（ワリ）とこれより分系された細種（ホソ）の二系統があり、太種は粕漬に、細種はあんかけなどの煮たきものや乾しウリにされます。同書によれば、乾しウリの作り方は「新瓜を縦八っつに切りさき、なかご取り去り塩をまぶし、暑熱の石の上に晒し乾す。六、七日してよく乾いたものを磁器に収納する。用いるときは塩すなを洗い去り、切片を酒に浸して食べる。脆美である。越瓜はたいへん広く食用される。夏月には貴賤を問わず日用の食とする」とあり、野菜の摂取量が少ない現在、昔のことと考えずに低カロリーでビタミンの豊富な夏野菜をたくさん食べるようにしたいものです。

一方、高槻市の塚脇地区で昔から作られている服部シロウリは、果実が淡緑白色で淡い白縞があります。奈良漬用として品質が優れ、天保十四年（一八四三）の『服部村明細帳』に「富田で造られ、粕漬に専ら使用される」とあります。明治二十一年（一八八八）の『農事調査』では府下に約百十万貫の生産があり、石川郡で最も栽培が多く、約三十五万貫、次いで西成郡の十五万貫と、当時はたくさん食べられていた野菜の一つといえます。その他、『五畿内志』によると西成郡の木津村、東生郡の今市村、荒生村、渋川郡の荒川村がシロウリの生産地として有名でしたが、どのような品種であったかは不明です。『摂陽群談』に「西成群木津村田圃に作り、市店に出す、求之酒糟に点じて奈良漬瓜と云う」ともあります。

府下の現在の栽培面積は二〇ヘクタールほどですが、加工業者の需要が多いため、農家との契約栽培が多く、一般のマーケットにならぶことが少なくなりました。

シロウリのフライはおいしいか

助松屋の法事献立には、「越瓜、白瓜、しろうり」と記されたものは一件もなく、すべて「瓜、ふり、うり」と記されています。それらはすべて香の物として、ダイコンやナスとコンビで出てきます。その他はやはり香の物として「奈良漬瓜」と記されています。献立に出てくるウリの内、実に七五パーセントが奈良漬瓜です。奈良漬瓜にはもっぱらシロウリが使用されました。『守貞謾稿』巻之六には、「粕漬、三都トモニ奈良漬ト云」とあり、粕漬のことを、江戸・京・大坂で奈良漬と呼んでいたことがわかります。

『三風料理』（明治二十年刊）の西洋料理の中に「越瓜油煎の法」というのが出ています。シロウリの皮をむいて、ゆでて中種《なかご》を除き、卵の黄みを塗り、パン肉の柔らかなところを粉にしてふりかけ、油で煎《あげ》ます。いわばシロウリのフライですが、「胡瓜の油煎」と同様、美味しいかどうか。

トウガン（冬瓜）

煮物、和え物、漬物と用途が広いトウガン

原産は熱帯アジアとされ、わが国には五世紀頃に朝鮮半島から渡来したといわれています。このことは『二条大路木簡』では「園池司進　毛付瓜二顆　羊蹄二斗…天平八年…」や、『延喜式』に加工品としての「糟漬冬瓜」の記述があることからも明らかといえます。名前については中国名の「冬瓜」を中国語の発音でそのままトウガンとして呼称されています。一方、『倭名類聚抄』には「冬瓜　神農食経云う冬瓜味甘寒無毒止渇除熱和名加毛宇利」とあり、奈良時代に栽培がされており、平安時代を通じてカモウリと呼ばれていました。この書ではトウガンは味が甘く、毒がなく、熱を取り去り体をひやし、喉の渇きを止め、和名を「カモウリ」と呼ぶなど、特性と名称を説明しています。「加毛宇利」とは、果実の若い時はやわらかい毛で覆われていることからこの名前がついたといわれており、現在でも京都でこの呼称が残っています。

わが国に古くから伝わっていたことから、シロウリと同様、漬物に加工されていたようであり、『農業全書』には「十分熟して、果実表面に白い粉が良くふいたものは春までおいても痛むことはないとされています。塩、味噌等に漬けるか、または干瓢のように乾燥したものも、ユウガオに劣らず性質の良いものである。冬瓜は煮物和え物に用いると、歯切れが良く味も良い」とあります。

濃緑色の偏球から長円筒の果実となり、最も大きい果実では一〇キロに達し、品種によって果実に白い粉の有するものとそうでない品種の二種類があります。『摂陽群談』に、「摂津西成郡海老江村より出る。口味宜しくて勝て大なり」とあり、大型の冬瓜で名産に挙げられています。『和漢三才図会』にも「摂州西成郡から多く出る」とあり、明治二十一年の農事調査の記録においても、西成郡のみに約二万三千二百貫の生産があったことからも本地区が産地であったことがわかります。明治以降は、その生産も徐々に減少し、今ではわずかに泉州地域に栽培があるのみとなりました。

関西ではカモウリ、関東ではトウガンと呼んだ

現在、冬瓜のことを、大阪ではトウガンといい、京都ではカモウリといいます。しかし、江戸時代の大坂の献立をみると、漢字では冬瓜と書き、仮名では「かもうり」と書いています。明治二十年発行の『三風料理』でも、「かもうり」。それが明治四十年発行の『家庭惣菜と料理法』では、「冬瓜」となっています。江戸時代から明治中期ごろまでは、大阪でもカモウリといっていたのが、明治後半ごろから関東風のトウガンの呼び名に替わっていったのでしょうか。

『助松屋文書』の法事献立には、トウガンは四回登場します。年代順に並べてみると次のようになります。

一、　壱　　冬瓜、小松たけ　　せうかミそかけ　宝暦八年七月十九日

二、　菓子碗　　輪柚　氷豆腐衣あけ、水仙寺のり、片木冬瓜　安永六年八月十二日

三、　平　　かもうりあんかけ　天明五年十一月十八日

四、　平皿　　こま醤油しやか掛け　冬瓜ふろ吹き　文化三年六月十九日

トウガンは、『助松屋文書』の法事献立のうち、比較的早い時期に出てきます。一の「せうか」も、四の「しやか」も生姜のこと。「片木冬瓜」については、他に片木ウド、などが出るので、江戸時代のブランドのような気がしますが、片木という地名は見つかりませんし、『助松屋文書』以外で、「片木冬瓜」は見あたらないので詳細は不明です。

最近のトウガンは表面がつるつるできれいですが、少し以前までは白い粉をふいていました。そのために、こんなことをいいました。

トウガンの雨打たし

カモウリの夕立

これは昔、こってりと白粉を塗った女性が、雨にあったり、汗をかいたりして、白粉が流れてひどい顔になったのをからかっていった言葉です。今のお化粧品なら、少々雨に降られようが、汗をかこうが平気なのですが…。この状態がもっとひどくなったのを、

ころ柿の難船

といいました。ころ柿は、表面に真っ白い粉をふいた干し柿のこと。大阪人は、いわれた女性の方も笑いながらそれ相応にいい返すなどして、言葉の遊びを楽しんだようです。

カボチャ（南瓜）

ポルトガル人がカボチャの種を持ち込んだ

日本カボチャの原産は中米および南米北部であり、コーカサスから熱帯の広い地域に食用として発達しました。そして、わが国へは、天文《てんぶん》十年（一五四一）に豊後に漂着したポルトガル人に藩主大友宗隣が貿易を許可し、その後の交流でカボチャの種子を献上されたことが、カボチャの始まりです。当時のカボチャは日本カボチャの種類と考えられ、その後、『長崎夜話草』にもポルトガル人がアモイ（中国）やルソン（フィリピン）から天正《てんしょう》年中（一五七三～九二）にカボチャを伝えたとあります。また、その後元和《げんな》（一六一五）の頃秋田領内でも栽培が行われました。そして、寛文《かんぶん》年間（一六六一～七三）には江戸で、また『大和本草』によれば京都で延宝《えんぽう》・天和《てんな》年間（一六七三～八四）に初めて栽培が始まり、その後、日本中に広がっていきました。

コツマナンキンは大阪で生まれたカボチャ

コツマナンキン（勝間南瓜）は、大阪市西成区の玉出地区が発祥のカボチャです。江戸時代の万延《まんえん》元年（一八六〇）に勝間《かつま》村の庄屋他百姓代らが、天満の青物市場問屋年行司あて野菜七品目に限り同村内での「立ち売り許可願」を申し出ており、その中に「南京瓜」が記載されていたことから、このカボチャのことをコツマナンキンと呼んだものと考えられます。コツマナンキンは約九〇〇グラムで、果実外観は縦溝と瘤のある小さいカボチャですが、熟すると味の良かったことから、勝間木綿とともにこの村の特産となりました。昭和十年代までは大阪市南部地域で栽培が行われていましたが、都市化の影響で産地が移動するとともに、品種面では食の洋風化のため、果実表面に縦溝や瘤のない粉質の西洋カボチャに取って代わり、今では全く姿を見ることができなくなりました。

平成十二年に木津市場の石橋明吉が和歌山の農家で種子を探し当て、貴重な種子の一部を譲り受け、今コツマナンキンが甦《よみがえ》ろうとしています。農家の話によれば、「大阪の天満市場の商人が、昭和の初め頃にもってきた種の後代」とのことです。

試験栽培された「勝間南瓜」を、昔栽培したことのある大阪市東住吉区在住の九十歳の中辻種雄さんに見てもらったところ、少し昔より大ぶりだが、「勝間南瓜」に間違いないとの証言を得ました。戦前までは勝間でも栽培していましたが東住吉区辺りでも栽培され、その味が良かったことから他のカボチャより高く売れ、料理屋などに引っ張りだこであったということです。

平成十二年の冬至には、西成区の生根《いくね》神社に古くから伝わっている祭事として、風邪や中風魔除けのため参拝者にカボチャを振舞って無病息災を願う「こつま南瓜祭」が行われ、約六十年ぶりに本当のコツマナンキンが参拝者に配られました。厄除けのカボチャを食べた参拝者からは、「ほんまのコツマナンキンが食べられてよかったわ」ということで、稲穂を供え、無病息災を祈る一般府民の参拝で、一日中ごったがえす賑わいとなりました。また、幼稚園児らも小太鼓演奏で商店街や神社の境内を練り歩くなど、祭りは大変な盛り上がりをみせました。関係者一同、コツマナンキンの伝統を是非とも二一世紀へ継続するために、二〇〇一年からは地域の幼稚園や小学校にもこのカボチャの栽培を奨励し、地域特産物として区民はもとより、多くの市民に広めていきたいとの声があり、平成十三年には生根神社の尾崎宮司の世話で、区内の幼稚園、小学校、中学校、高校の菜園での試作が始まり、地域振興に生かすための努力が続けられています。

現在は、西洋カボチャが多くでまわっていますが、コツマナンキンも味が良いことから、完熟させた場合、ただ蒸すだけでも甘く香りが高く、おかずとしての料理以外にも菓子として、ようかんや巾着しぼりにしても大変美味しいものであり、もう一度見直す値打ちのあるカボチャと思われます。

カボチャは日常の料理素材

元禄《げんろく》十年（一六九七）刊行の宮崎安貞著『農業全書』に、「かぼちゃは、まくわうりや西瓜のように菓子になるものではなく、猪肉・鶏・鴨の吸物、そのほか魚・鳥といっしょに煮て食べる」とか、「わが国でも西国ではよく賞味されている」と記されています。このように江戸時代前半から、栽培されていたと思われるカボチャですが、『助松屋文書』の法事献立には、ほとんどというより全く登場しません。また、料理屋の献立を見てもカボチャ、ナンキンは見つかりません。このことは江戸時代、カボチャは「お番菜（惣菜）」すなわち日常の料理のおかずであって、法事のようなハレ（晴）の日の献立や料理屋の献立には用いられなかったことを意味しているのでしょうか。

江戸時代の献立で、やっとカボチャが出てきたのは、お盆、精霊祭の料理でした。船場安土町《あづちまち》のちりめん問屋であった和泉屋（水落氏）の文政《ぶんせい》六年（一八二三）の行事帳によると、七月十四日の昼に「汁　かもうり、　平　なんきん、　飯」を仏様に供えています。この昼の献立の上欄に「西瓜を（仏様に）上げる事も有るけれど、格別高値の年は上げなくてよい」との注意書きがあります。

京都や大阪で、昔から、冬至の日に「なんきん・にんじん・れんこん・かんてん・きんかん・うんどん」の七種《なないろ》の「ん（運）」づくしを食べました。うんどんは、うどん（饂飩）。また、冬至にカボチャを食べると、中風にならないといわれました。昔は夏に買ったカボチャを台所の天井につるして保存し、冬至に炊いて食べたそうです。水落家では、一月の初甲子の日に大黒さんをお祭りし、その日に七種の運づくしを食べたということです。

カボチャは水炊きをしてやわらかくなったら、砂糖と薄口醤油で味付けします。だしも何も要りません。カボチャ自身の味で充分おいしくなるからです。女性の好きなものを「芝居・こんにゃく・いも・たこ・なんきん」といいましたが、ちゃんとカボチャが入っているのもうなずけます。

ミズナ（水菜、京菜）

歯ざわりの良いわが国独自の野菜

わが国独特の品種であり、関西では水菜、関東では京菜と呼んでいます。しかし、その起源については明らかではありませんが、京菜の原始型と思われる「潮江」や「オソカブナ」は高知県下に残っているといわれています。『雍州《ようしゅう》府志』には「水菜、東寺九条辺専ら之を種ふ、元糞を用いず、流水を畦内に引きれるのみ、故に水入菜と称す、或いは麻倶利菜《まくりな》と謂ふ…」とあり、水を引き入れて栽培された菜として有名で、各地でも広く栽培されました。水菜の特徴は、分枝性が強く、幅が狭く毛のないことです。京都の壬生地方で産する水菜から出た品種といわれるミブナに比べて、ミズナは葉型が細かい切れ葉で、葉柄が白く、しゃきしゃきとした歯触りで、ミブナよりはあくが少ない。明治二十一年の農事調査によれば、大阪府下で唯一西成郡に約三十七万貫の生産があり、生産量から考えると何らかの料理には欠かせない種類の野菜の一つと考えられ、料亭などでの鯨料理専用に用いられたのかもしれません。

昭和のはじめ頃には南河内郡羽曳野あたりには、鯨肉との料理に使うために自家用のミズナの栽培がありました。そして、昭和三十年頃には水稲のあとの畑には、ミズナの苗が見渡す限り植えられている風景が見られ、暮れから正月にかけて畑の横には収穫したミズナの入ったダンボール箱が山のように積まれていました。この地区には、長年ミズナを栽培してきたことから、大株でも軸が白くて細く、葉の緑色と軸の白とのコントラストに優れた良い系統が生まれ、現在でも市場で羽曳野のミズナは人気があります。

ミズナを使った船場の雑煮とはりはり鍋

ミズナといえば、第一番に思い浮かべるのが、正月二日の雑煮。大阪船場の元旦の雑煮は、たいていの家が「白味噌雑煮」です。昆布と鰹節でとっただしにブランドもの（米忠など）の白味噌をといて、小さな雑煮大根の小口切り、木綿豆腐、小芋と、丸餅を焼かないで入れて、炊きます。あとになるほど餅がとろけて、和風ポタージュのようになります。二日の朝が、「ミズナのすまし雑煮」。焼いた丸餅とミズナのあっさりした雑煮です。家によっては、餅も丸餅ではなく、のし餅を四角く切って使うところもあります。三日の朝は、また白味噌雑煮になります。今も、こういう仕来りを守っている家が多いのですが、江戸時代の船場安土町水落家の「行事帳」（文政六年）を見ると、正月三が日とも大根小口切り、いも、焼豆腐を入れ、花かつををのせた（白味噌）雑煮となっています。

『守貞謾稿』には、「大坂ノ雑煮ハ、味噌仕立也、五文取斗リノ丸餅ヲ焼キ、加之。小芋、焼豆腐、大根、乾鮑、大略此五種ヲ味噌汁ニテ製ス」とあり、江戸の雑煮については、「江戸ハ、切餅ヲ焼キ、小松菜ヲ加へ、鰹節ヲ用ヒシ、醤油ノ煮ダシ也」と記しています。『守貞謾稿』は、「大坂の雑煮は丸餅を焼いて入れている」としていますが、水落家の場合は、二日のみ、餅をあぶって湯に入れてから雑煮にうつすと記されています。以上のことから、正月二日にミズナのすまし雑煮を食する船場の風習は、明治以降、東京風雑煮を採り入れたものかと考えたくなりますが、幕末の安政三年（一八五六）、大坂町奉行久須美祐雋《くすみゆうせん》が著した『浪花の風』には、「（大坂の雑煮は、正月）二日はすまし雑煮にて、水菜計り、他物は不加」とあり、「また二日は未明より水菜を売りありくこと市中囂《かまびす》し。是二日はすまし雑煮故なり」と書いていますので、幕末には正月二日はミズナの雑煮になっていたことがわかります。

ミズナは、『助松屋文書』の法事献立には八回登場しますが、ほとんどが浸し物として出てきます。ミズナ以外に、浸し物として出てくるのは、「三つ葉、菊菜、紫蘇、貝割菜、葉にんじん、ほうれん草、嫁菜」などです。とくに、ミツバの浸し物はたくさん出てきます。

『助松屋文書』では、浸し物は、仮名書きの場合は「したしもの」と書かれています。今、筆者も、「したしもの」と発音しています。正しくは「ひたしもの」。ここで疑問が生じます。もともと、大阪人は「し」を「ひ」と発音する傾向があり、浸し物は当然「ひたしもの」と発音するはずです。七も質も「ひち」になります。布団を敷くは、布団をひく。しつこいは、ひつこい。東京人は逆に、「ひ」を「し」と発音する傾向が強い。日比谷は、しびや。マントヒヒは、マントシシ。ところが大阪人も「ひ」を「し」ということがあるのです。人を「しと」といったり、浸し物を「したしもの」というのも、この類でしょう。

ミズナとクジラの尾の身の「はりはり鍋」は、忘れられないおいしい冬の味でしたが、今となっては夢、幻になってしまいました。戦後、シロナガスクジラのおいしい尾の身が安く手に入ったので、家庭でもよく食べました。また、はりはり鍋専門の料理屋もありました。土鍋に水を沸かし、砂糖、醤油、みりん、酒などでおいしく味をつけ、尾の身を入れます。ミズナは鍋に入れるとすばやく引き上げて食します。はりはり鍋の名称は、ミズナのはりはりした食感から名付けられました。尾の身ではなく、クジラの「ころ（京都では〝いりがら〟という）」を使うこともありますが、「ころ」はちょっとクセがあり、好きな人と全く食べない人に分かれます。京都では、「ころ」とミブナを炊くようです。

オオサカシロナ（大阪白菜）

現在でも大阪周辺都市農業の重要な品種

大阪シロナは、山東菜と体菜または白菜と体菜の交雑によって出来た品種ではないかとされています。栽培は徳川時代に遡るといわれますが、明治初年頃すでに、天神橋や天満橋付近で盛んに栽培されていたといわれ、明治の終わり頃から東淀川、城東、住吉の各方面に栽培が広がっていきました。大阪シロナには早生、中生、晩生の三系統があり、早中生は「天満菜」と称され、年内収穫または春から夏にかけての栽培に適します。早生種は葉色が淡緑、葉柄と葉脈は鮮明な白で、葉柄は平茎で葉脈の粗い丸葉です。中生種には黄葉系と黒葉系があり、葉は倒卵系で葉脈は鮮明な白色で平軸です。晩生系統は「晩白」とよばれ、耐寒性が強く、抽苔がおそいことから、二月から五月が出荷時期です。

大正から昭和の初めの河内には「大阪しろなとさつまいものおつけ」があり、冬の寒い夜に食べると体が暖まったといわれています。

大阪シロナは大阪の代表的な菜類で、夏場の野菜料理には欠かせない品種であり、現在も大阪市および周辺の畑で栽培が多く、シュンギク、ミツバ、ホウレンソウなどとの輪作が行われ、都市農業の重要な品目となっています。

大阪の「お番菜（惣菜）」の代表

菜っぱのなかで、大阪と名がつくのは、大阪シロナだけです。大阪シロナは、真菜などとともに、ツケ菜に分類されます。シロナも天満菜もツケ菜も『助松屋文書』の法事献立には、全く出てきません。

大阪シロナを、普通単にシロナと呼びます。このシロナこそ、船場の「お番菜」のヒロインです。ヒーローである油揚げといっしょに昆布と鰹節で取った出汁《だし》で炊くと、抜群の美味しさになります。味付けは味醂、酒、薄口醤油、塩でします。大阪ではこれを「シロナとあげさんのおつい」あるいは「シロナとあげさんのたいたん」といいました。大きな鍋にいっぱい作るおつゆは、おつゆとも煮込みとも区別がつかないくらい、具のシロナと油揚げが山ほど入っています。寒い季節に水溶き片栗粉でとろみを付けると一層あたたまり、何杯もおかわりすると、満腹感とともに幸せな気分になります。

大阪シロナは、他の菜っぱがトウが立って作れない真夏にも出回るので、夏の暑いときに油揚げと炊いて汗をかきながら食べるのも一興、また煮浸しにして冷たく冷やしても美味しいものです。

はりはり鍋

大阪の家庭料理の一つに、水菜と鯨肉の「はりはり鍋」料理があります。いつ頃から始まったのかよくわかりませんが、紀州（和歌山県）や土佐（高知県）から出荷されてきた塩鯨肉を食材にした、安価な家庭での鍋料理です。

江戸時代以来、紀州の太地や土佐の室戸湊などから、塩漬にした鯨肉を雑喉場《ざこば》の生魚市場や、靭《うつぼ》の永代濱に水揚げされ、塩魚干魚問屋に入荷した鯨肉を鍋料理にしたものです。

戦後になると、昭和三十九年にザトウクジラが、四十六年にはナガスクジラ・イワシクジラが捕獲禁止になり、五十八年の国際捕鯨委員会（IWC）からは全面的な捕鯨規制が実施され、今では調査捕鯨だけが細々と続いています。それまでは大阪市場にクジラ肉の大量入荷があり、安い肉として喜ばれていました。とくに「はりはり鍋」には鯨の「鹿の子」肉を使用するのが最高でしたが、「尾の身」や「コロ」（煎皮の脂を絞った後の部分）も美味しいのですが、一般家庭では安い赤身肉を使っていました。寒の季節になると水菜で「はりはり鍋」を囲むのは、寒さしのぎには持ってこいの御馳走でした。

鹿の子とは鯨の下顎の根元から中間にかけ、顎の骨をおおっている部分肉のことで、脂肪の中に肉がまだらに鹿の子状に散らばっています。良質の鹿の子は肉の部分が小粒で密集度が高く、「尾の身」より少し硬いけれども、白い脂肪の中に赤い肉が点々と散らばっている様は美しい色彩りです。鹿の子肉には甘みがあり、噛めば噛むほどうまみがでてきて好まれました。

捕鯨規制後十年ほどは在庫がありましたが、その後は国際的な圧力による捕鯨禁止の動きが激しく、捕鯨国日本の見通しは厳しいのが現状です。

さて水菜ですが、江戸時代の大坂では正月（もちろん旧正月）の二日目は、「清汁」に水菜を入れるのが商人たちの正月料理でした。時期的にはちょうど寒の入りにあたります。霜が降りる時期の水菜は、「はりはり」というように、パリパリでシャキシャキとした口ざわりで、この他、お浸し、辛子和え、油揚げと煮込みなど、色々な食べ方がありますが、家族揃って鍋料理を囲むのは一家団欒のよき風景でした。

この塩鯨が大阪に入荷するようになったのはいつ時頃かよくわかりませんが、大阪市民が鍋料理を囲むようになったのは、明治期に「すき焼」が流行するようになってからではないかと考えられています。

最近では、十年程前から京都府下の農家による施設栽培によって、水菜が年中出荷されるようになり、調査捕鯨によるミンク鯨肉を使った「はりはり鍋」が、専門料理店で提供されています。

大阪の水菜と京都の壬生菜はともに京菜であり、アブラナ科の一～二年草です。関東でいう京菜は、葉の切れ込みが浅く、関西の水菜は葉の切れ込みが深くて長いものです。

ネギ（葱）

関西ではネブカ、関東では葉ネギと呼ぶ

中国西部あるいはシベリアが原産とされています。紀元前からすでに中国で栽培されていました。『本草経』に下部の白い部分を「葱茎白と称す」とあり、『斎民要術』などに冬ネギと夏ネギのことや土寄せすることが書かれており、すでに太ネギ品種とその栽培法が発達していたのではないかと推測されています。ネギの古名は「キ」で、一字であることから「ヒトモジ」と呼ばれ、根葱（ネギ）の根は葉鞘部分をさし、ここが白色であれば白根、この部分を食べるものを根葱と

呼びました。わが国では、『日本書紀』の仁賢天皇の項に秋葱《あきぎ》の言葉がでています。江戸中期の『物類称呼』では関西ではネブカ、関東で葉ネギと呼ぶとあり、ネブカとは根が深く入ることを意味します。

明治二十一年の『農事調査』によれば、約九十万貫の生産があり、大阪府下全域にわたっており、その需要の高かったことがわかります。大阪市域のみで約五十万貫の生産をあげていますが、これは、鮮度の低下の激しい野菜であることから、人口が集中し、町場での需要に対応するため、輸送の便利な地域内での生産が多い特徴を表わしています。このことは、今日の都市農業においてもネギが重要な軟弱野菜である理由の一つとして考えられます。

大阪から京都に入って九条ネギ、江戸に行って千住ネギに

ネギは大型で葉鞘部が長大で軟化栽培に用いられる太ネギ群と、大型であっても分けつ性に富んで葉鞘部が短い葉ネギ群に分かれます。そして、両者の中間で大型だが分けつは多くない葉ネギに用いられる兼用種群に分かれます。関西には葉ネギ群が発達し、その代表は九条ネギです。九条ネギは葉の肉が薄く、柔らかで品質が優れ、京都市下京区東、西九条付近が栽培の中心であったことから、ここが原産地ともいわれています。その九条ネギは関西を中心に西日本一帯の地域で栽培されています。口碑の伝えるところによれば、京都のネギ栽培は和銅《わどう》四年（七一一）稲荷神社建立とともに始まり、それは浪速から京に入ったものともいわれます。貞観《じょうかん》八年（八六六）の記録に「水湿の地に水葱を植える」とありますが、「水葱」が九条ネギかどうかは定かではあ

りません。九条ネギは葉ネギを代表する品種であり、葉色の淡い浅黄系と濃い黒種系の二系統があります。

大阪方面からの入植者によって、天正年間に砂村で栽培されたのが江戸に於けるネギの始まりです。摂津の国から持っていったネギは、葉ネギタイプであったようであり、関西より寒い江戸では、冬場のネギは葉が霜枯状態となり、品質が良くありませんでした。しかし、土の中の白い部分が美味しかったことから、白い部分を長くするための土寄せ軟白栽培技術が発達するとともに、それに適した株が選抜され今日の根深ネギの元となる「砂村ネギ」が生まれました。そして、千住地区に伝わった砂村ネギは、さらに改良が加えられ、今日の根深ネギの主要品種群である「千住ネギ」が生まれました。関東と関西では栽培するネギの品種が異なることから、その特徴に応じた料理が生まれ発達しました。

『五畿内志』に、大阪東生郡の荒生村のネギが名産とされています。また、『料理早指南』には、江戸時代の大坂の難波がネギの産地であったことから、ネギの料理に難波を付ける習慣があり、「難波煮」とは魚や野菜など適宜に切ったネギとともに煮た料理を指すとあります。また、同様に「うぼぜ難波煮」というのはしずという魚を焼き、わりネギと焼き豆腐などを炊いたものをいうと『素人包丁』に記述があります。また、「鴨なんば」という言葉がありますが、これは鴨とネギを煮たもので、故事にかつて難波がネギの産地であったことをかけたいい方です。明治三十五年頃、堺の石津地区で栽培されていた地ネギから分系されたとする「奴」というネギがあります。この品種は耐暑性があり、九条浅黄系より葉色は濃く柔らかで、葉の中の粘質物が少ない特性があり、七月頃から十一月頃まで大阪ではなくてはならないネギです。また「奴」の名の由来は、大阪弁で子どものことを「やっこ」と呼ぶことから、分けつが多いことと、子どもがたくさんできることをかけて付けられたのではないか、と伝えられています。

また、大阪におけるネギの流通については「青田師」という人々が畑で収穫前のネギを農家との契約で購入し、職人を連れ収穫、調整を行い、自分で小売りする制度が盛んでした。農家にとっては、もっとも労力のかかる収穫調整の部分が軽減できることから、栽培に集中して品質の良いネギを生産することにだけ神経を使えばよく、都市農業では人気のある野菜の一つです。いわゆる九条系のネギは食味や香りが優れ、いわゆる関西風のうどんやそば、お好み焼きなどには欠かせないものでしたが、最近は流通側からの要望で葉折れのしないネギということで、いわゆる一本ネギの品種の栽培が増えていることは誠に残念であり、本来の美味しい葉ネギを食卓に復活させたいものです。

法事献立には登場しないネギ

ネギは、カボチャと同じく、江戸時代にはさかんに栽培されていたにもかかわらず、『助松屋文書』の法事献立には、いっさい出てきません。ネギもやはり「お番菜（惣菜）」のおかずで、ハレの日の料理には使われなかったのでしょう。嘉永六年（一八五三）発行『料理早工風』では、「吸口もののるい」として、「ふきのとう、ゆ（柚）、めうど、木のめ、せうが（生姜）、しそ」などとともに、「小口ねぎ、あさつき」があげられています。吸口とは、吸物や汁物に用いて、香気を添えるものです。また、『料理早工風』には、「田楽の精進之部」に、「ねぎしろ根　とうがらしミそ　ごまミそ」とあって、ネギの白い根の部分を田楽にした料理を紹介しています。

天保四年（一八三三）発行の『早料理仕方』には、ネギそのものの料理は出てきませんが、鱠（魚のなます）・膾（精進のなます）にかける「なんばす」が頻繁に登場します。「なんばす」は「難波酢」で、きざみネギが入った酢のことです。大坂の難波村あたりがネギの産地で、なんばはネギの代名詞になりました。

助松屋の法事献立には、吸口としてのネギも、「なんばす」も、全く出てきません。ネギは、その臭気からか、法事料理には用いられなかったものと思われます。

船場安土町の水落家の「行事帳」（文政六年）の旧暦六月二十二日、坐摩《ざま》神社（大阪市中央区）夏祭礼の献立は次の通りです。

昼　鱠（はもかハ、白うり、しそふ）　汁（はも　摺りながし）
　平皿（〈ゆ〉すり身油上ケ、ねき）　焼物（塩やき　あじ）

このうち、平皿の「すり身油上ヶ」と「ねき」が注目されます。このすり身は、同家の文化年間の「行事帳」には、「はもすりみ」と出てくるので、鱧のすり身と考えられます。今に至るまで、大阪の夏祭りのご馳走は鱧料理で、江戸時代からの伝統であることがわかります。鱧のすり身の油揚げは、まさしく「白天《しろてん》」です。大阪では、魚のすり身の揚げ物、すなわち東京でいう「薩摩揚げ」のことを「てんぷら」といいます。「てんぷら」のうち、白天は大阪独特のものです。現在も夏祭りの献立の中に、「白天とかいわれ菜のおつい（吸物）」があります。家によっては、吸物ではなく、煮物のところもあります。水落家の献立「はもすり身の油上げとねぎ」は、白天のルーツを示す貴重な史料と思われます。やがて白天には、木耳《きくらげ》が練り込まれるようになり、白天の相手がネギから貝割菜に替わり、煮物が吸物になったのでしょう。白天のなかに木耳を刻んで練り込んだアイデアは秀逸です。白天のおいしさと木耳の歯触りの相性が抜群だからです。

戦後、昭和二十〜三十年代、筆者はこども時代を大阪船場で過ごしましたが、すき焼きに入れるのも、味噌汁に入れるのも、薬味にするのも、ネギの料理はすべて葉ネギでした。白い根の部分を食べる太ネギは八百屋の店先にありませんでした。そのうちに太ネギもちょいちょい見かけるようになり、「東京ネギ」と呼びました。

チシャ（萵苣）

食物繊維を摂るのに古くから利用

チシャの原種または近縁種と見なされる植物は、地中海、北アフリカ、西・中央アジア、北部インドおよびシベリアと広く分布しています。BC四五〇〇年頃のエジプト・ピラミッドの壁画に描かれており、ギリシャ、ローマ時代すでに主要な野菜として栽培利用されていました。『長屋王の木簡』にも「山背薗進　蕗六束　知佐四束」とあり、古代からわが国に渡来していたことがわかります。そして、時代がずっと下り江戸時代に全国規模で編纂された『諸国産物帳』の越後国蒲原郡の例のように「丸ちさ、ちりめんちさ、きしのをちさ、むらさきちさ、きんこしゅな、花ちさ、あかちさ、せんはちさ、江戸ちさ」など、品種名が記されるとともに、簡単な特性、収穫時期などが書かれており、すでに一七三〇年代には葉色、葉型、葉数などの特性の異なる品種のあったことが明らかになっています。また、『農業全書』によれば、「四季を通じて種がまかれ、若いうちに葉を食用にするが、いつも柔らかで、胃腸の通じを良くするので、いろいろな料理に用いられていたようだ。また、四月になってトウの立ったものを折りとって皮をむき、水に浸けてあくをとり、酢に浸してなますのつまにしたり、しそ漬けなどにすると珍味である」とあり、後者は『本草綱目』のいう「茎苣」を指すと考えられ、「皮を剥いて生食す、味胡瓜の如く、糟食も亦良し」とあり、利用範囲の多い野菜の一つであったといえます。

中国へは七世紀以降にペルシャその他中近東から渡来したものと考えられ、古来の品種は茎《くき》チシャと掻《かき》チシャが広く普及し、縮緬《ちりめん》チシャ、立チシャ、玉チシャは近代に導入された種類です。『和妙抄』に「ちさ」とあり、その在来種は掻チシャです。玉チシャの渡来については文久《ぶんきゅう》二年（一八六二）の『植物異伝来由』に「チシャの異種アメリカより来る」とあります。明治以降たびたび導入されましたが、食習慣の違いからあまり普及しませんでした。それが戦後の西洋料理の普及によりサラダ菜の系統が普及し、栽培が始まり、昭和三十年代に入り、いわゆるレタス（玉チシャ）が栽培の中心に変わっていきました。

レタスの導入で清浄野菜の中心に

明治二十一年の『農事調査』では、府下で唯一恩智川に挟まれた河内郡（日根市村、英田村、牧岡村、三野郷村、東六郷村、大戸村）、現在の東大阪、八尾市の一部にチシャの生産があり、その生産量は二百四十貫であり、栽培面積は〇・五ヘクタール位と推定されています。その後の統計では昭和元年に約一〇ヘクタール栽培されており、主な生産地は中河内郡と大阪市域でした。

大阪においてチシャ以外の、セルリ（セロリ）、パセリなどいわゆる清浄野菜の生産は、泉佐野市在住の人物によって大正七年頃にセルリの試作が行われたのが初めてです。その後レタス（チシャ）、子持ちかんらん、パセリ、レッドキャベツ、花やさいなどが普及し、戦前の最盛期には二〇ヘクタール余りの栽培が行われました。戦後、熊取町、能勢町、八尾市、高槻市にも栽培が広がり、これら清浄野菜の栽培面積は昭和三十年代に入り約四〇ヘクタールとなりました。チシャの夏出しは山間部の冷涼な気候を利用して行われました。

また、大阪市の一部と八尾市には昔から、いわゆる現地では「トムギ」と呼ばれる茎長約五〇センチになる、茎の部分を食べるチシャの栽培がありますが、やや茎の部分が細いことや細葉であることから、掻チシャ用の品種の葉を掻いた後の茎を利用して「トムギ」と呼称し、販売しているのではないかとも考えられます。しかし、一方トムギの出荷が秋から冬にかけて多いことを考えると、春先の花芽分化にともなう花茎の伸張した部分を利用している掻きチシャを秋に出荷することが難しいことから、やはり茎チシャの種類が用いられているのではないかと推定されます。『農業全書』に前述のように「四月になってとうの立ったものを、茎の皮をむいて」とあり、収穫時期や花芽分化のことを合わせて考えると、トムギについては明治以降に導入されたとされる茎チシャを用いたのではないかと考えられます。茎チシャは、秋まきにおいても生育が進むと、茎が伸張する性質があり、のびた茎の皮をむいて髄の部分を湯がいて胡麻和え、酢味噌和えかあるいは油炒めをして食べると美味しいものです。近年、ヤマクラゲと称され、乾燥したものが輸入されていますが、これはこの茎チシャのことです。

葉は汁の具に、茎は和え物に

チシャは、『助松屋文書』では、すべて「ちさ」と書かれています。嘉永六年（一八五三）発行の『料理早工風』にも、「ちさ」と書かれています。また、明治二十年発行の『三風料理』も同様です。それが、明治四十年発行の『家庭惣菜と料理法』では「ちしゃ」になっています。このことから、江戸時代から明治の中ごろまでは、「ちさ」と発音していたようです。『助松屋文書』の法事献立では、チシャは九回出てくるだけで割合少ないのですが、そのうち七回は汁の実として出てきます。

一、汁　ちさ、つふしいたけ　宝暦十三年十月二十二日
二、汁　長いも、白玉、ちさ　安永六年八月八日
三、汁　やきとふふ、ちさ　天保十年十二月四日

汁に入れられる以外では、次の二回出るだけです。

四、　猪口　　ちさ、ごま　したし物　天保十年十二月二十五日

五、　膾　　けんゆすら梅　紅太こん、ちさのとう、いと□ん、かきのさい、あけふ、しそ　安永二年四月二十二日

汁の実のチシャも、猪口に盛られた胡麻和えのチシャも、「掻チシャ」です。チシャは四季を通じて種子をまき、若いうちに葉を掻き取って食用にします。また、葉を掻き取ったあとの軸（チシャの茎）は分厚く皮をむき、湯がいて、小口から薄切りにして使います。冬期に、青味のものが少ないときによく使われました。ただ、五の場合は、「ちさのとう」ですから、前述した宮崎安貞が『農業全書』に記しているものです。

そのほか、『助松屋文書』には、「川ちさ」と「とうちさ」が一回ずつ出てきます。

六、　向膾　　さとうず　白髪大根、大角麩、祇園坊、岩たけ、川ちさ　天保十一年十一月二十八日

七、　向　　改敷松　いり酒　白ようかん、岩たけ、山吹そば、めうか針、とうちさ　嘉永七年八月九日

六の「川ちさ」はチシャではなく、ゴマノハグサ科（胡麻の葉草科）の多年草です。『三風料理』の日本本膳献立にも「かハちさ」が出てきます。

七の場合は、器に松の葉を敷き（かいしき、掻敷、皆敷）、その上にきれいに盛りつけられたもので、調味料のいり酒につけて食します。この「とうちさ」もチシャではなく、フダンソウ（不断草、恭菜）のことです。フダンソウは、アカザ科の越年草で、四季いつでも食用に出来るので

この名があります。

明治四十年発行の『家庭惣菜と料理法』に書かれている「ちしゃのひたし物」の作り方は、チシャの葉をとり、よくそろえて熱湯をかけ、かたくしぼって細かくきり、青梅を薄くむいて細かく刻んだものとまぜ合わせ、芥子《からし》酢をかけて食べる、となっています。

フキ（蕗）

食用や薬として古くから使われた日本原産野菜

フキは中国、韓国、サハリンなど東洋に広く分布・自生していますが、栽培化されていません。わが国では北海道から沖縄まで自生しており、野生のものを採取したり、集約的な栽培が行われるなど、日本原産の野菜の一つとなっています。『新撰字鏡』などに「布々岐」と称し、『延喜式』の耕種園圃には「三年に一回植え替え、一段に三十四人の労力を要した栽培法や典薬の部にも薬として」の記述があることから、フキは平安時代には野菜として栽培化され、また漬物として貯蔵したり、フキの花（トウ）は薬用として利用されていました。また、『農業全書』、『本草図譜』には「てうせんぶき、ちりめんぶき、えぞぶき、みづぶき、秋田ぶき、やまぶき、紫ぶき」などが図示され特性が記載されています。フキは昔から葉柄と若い花茎をもつフキのトウとともに用いられていますが、苦いことからフキのトウは薬用として用いられていました。『五畿内志』には渋川郡の高井田村がフキの生産で有名でした。おそらく、当時の品種は水フキと推定されます。また、フキは雌雄異株で、秋田フキおよび山フキは二倍体、愛知早生は雌の三倍体、水フキは三倍体であり、二倍体は種子ができますが、三倍体は種子ができません。一般に種茎の分割により、繁殖が行われてきたことから、品種の分化が少ない野菜といえます。

山野草から栽培して高品質なフキへ

明治二十一年の統計には記載がないことから、おそらく山野草としての位置付けではなかったかと考えられます。その後、明治四十四年には約一七ヘクタールの栽培があったとの記録があり、その主な生産地は大阪市の西成郡と三島郡の二カ所でした。当時のフキは山ブキか水ブキであったと考えられます。フキは関西での消費が多く、最も生産の多かった昭和四十五年ごろには大阪府と愛知県での生産が多く、日本全体では約九〇〇ヘクタールの栽培がありました。

大阪府での栽培は、昭和三十五年には貝塚市の水間線にそった清児《せちご》、名越、森、三ツ松一体を中心に約五〇ヘクタール、泉佐野市、熊取町、岸和田市など泉南一帯を合わせて約一〇〇ヘクタールを越えます。これら泉南の地域では、主に愛知早生フキを栽培していますが、その他八尾市、茨木などに水ブキの栽培があります。そして、貝塚市のフキ栽培の歴史は古く、大正三年頃に木島村（貝塚市）の農家が北河内の知人から河内フキを入れたのが始まりといわれています。また、昭和の初めには同村の人物らが愛知県に視察に行ったところ、河内のフキに比べ早生であることを知り、愛知早生を導入するきっかけとなりました。

昭和二十年代にはフキの畑の西と北に藁囲いをして寒風を防ぐ程度の露地栽培が主でしたが、二十六年頃には夜間だけコモ掛する栽培が始まりました。その後、寒冷紗の出現、昭和三十二年にはビーニルを用いた中型のトンネル栽培を農業改良普及員が試みました。その後作業性の改善から屋根型のハウス栽培が開発されましたが、この屋根型構造はフキの生育が均一になる特徴があり、泉南のフキが高品質な理由の一つです。泉南のフキは、露地栽培から根株の冷蔵技術を取り入れたハウス四回取りの作型まで分化し、都市近郊園芸農家の有利性を発揮し、共同出荷の体制で、昭和四十五年の最盛期には二四六ヘクタールまで栽培が増加し、全国一となり、関東以西の市場を牛耳るほどになりました。愛知早生フキは太陽光が当たると、葉柄が赤く着色し、品質が低下します。しかし、密植して植え付けた場合、群落状態で生育してくると、大きな葉が重なり合い、葉柄に直接光の当たるのを防ぐ結果、赤くならないで、緑色が冴え、いわゆる柔らかい品質の高いフキが出来上がります。市場性が高くなる栽培法がとられてきたのです。フキは、これまで種茎による繁殖のため自然に起こる突然変異以外、新しい品種は生まれていませんが、平成十二年には大阪府立農林技術センターではバイテク技術を用いて愛知早生フキから品質・収量性の高い「大阪農技一号」を育成し、府下生産農家に苗を配布し始めました。

上品な色と味はハレの日の献立に相応しい

フキは、四月から六月にかけて出まわり、また、秋にも出てきます。その上品な色と味で、ハレの料理にふさわしい食材とされました。そのため『助松屋文書』の法事料理にたくさん登場します。その点はウドと共通しています。

一、汁　吸口　ゆ　ちくわ、ふき　寛政二年十月十二日
二、初献　ふき田楽、かため　宝暦十一年五月十一日
三、ちょく　きのめあへ　はす、ふき　文化三年三月二十一日
四、三　吸物　なめたけ、ふきのとう　宝暦十三年十月二十二日

フキは法事料理に十七回出てきます。そのうち十回が汁の実として使われています。一の汁には、吸口が柚で、ちくわ（魚を使わず、豆腐など精進物で竹輪の形につくったもの）とフキが入っています。季節が十月なので、秋フキです。他に「秋ふき」と出るのが、二回、九月六日と十月五日の法事献立です。二はフキの田楽。相方の「かため」は、紀州加太でとれるわかめのこと。三の猪口には、フキとレンコンの木の芽和えが盛られています。彩りもきれいで、美味しそうです。四はフキノトウ（蕗の薹）の吸物。フキのトウは春の初めに、フキの根茎から生え出る花茎です。特有の強い苦味がありますが、そのほろ苦味が初春の香りをいっそう引き立たせてくれます。しかし、この献立は、十月二十二日です。フキのトウは、この他に明和八年（一七七一）九月二十二日の献立（吸物　松露、ふきのとう）にも出てきます。旧暦ですから、今の季節にすると十一月

から十二月頃になり、季節的に少し疑問の残るところです。

江戸時代に大坂で食べられているフキは、水ブキと山ブキ。また、『助松屋文書』には出てきませんが、フキの葉も江戸時代からよく食べられていました。嘉永六年（一八五三）刊行の『料理早工風』には、浸し物の類に「ふきのは」をあげています。フキの葉のやわらかい部分をむしりとって茹で、十分水にさらしてから、刻んで和え物にしたり、煎り炊きにしても美味しいものです。

ウド（独活）

数少ない日本原産の野菜、早くから栽培

ウドは日本、朝鮮、中国東北部に野生しており、救荒作物あるいは山菜や薬草として昔から利用されてきました。野生植物を栽培化した日本特産の数少ない日本原産野菜の一つですが、その年代については明らかではありません。『新撰字鏡』に「独活、宇度」とあり、『本草和名』にも草としてその名が「独活」と記載されている程度で、当時は野生品を薬用にしていました。その後『延喜式』にも各地からウドが薬として進上されていますが、江戸時代に入って、農書には必

ずウドはでており、重要な野菜の一つであったといえます。

『百姓伝記』には「ウドの種二色三色見えたり、田舎に作るは育ちて茎の青色なるがよし」と品種や栽培法について書いてあり、さらに、「芽ウドを早くとるには秋の末早く刈りとるか押倒し、土をかぶせ、ゴミあくたをかぶせ置くべし。はや、ろずきわに目形出来るなり。ごみあくたを厚くきせ置けば正月下旬、二月にはわかほへ大きに出るなり」と現在の促成軟化栽培法がすでに行われていたことが窺え、かなりの栽培があったものと考えられます。

ウドの盛り土軟化の栽培法は、江戸時代の中期から後期に京都市堀之内、大阪府三島郡、愛知県の中島郡と東京の吉祥寺と上井草で始まり、大阪の場合は、茨木市の大田、上音羽、下音羽、泉原地区で天保年間（一八三〇〜四四）より栽培が始まったといわれていましたが、寛政十一年（一七九九）の淀川筋下り荷物小廻賃定に「前島　三嶋江　唐崎出　独活　壱籠ニ付き　三文半」と船で天満の市場に運んだことが記されており、ウドの生産そのものについてはさらに三十年ほど時代が遡るものと考えられます。また、後述の「めうと」を宝暦十二年（一七六二）に食べていたことから、さらに三十七年前にはウドの軟白栽培が行われていたことが明らかになりました。

白く太く柔らかい「三島ウド」

明治二十一年の大阪府『農事調査』には唯一、島上郡の芥川村および島下郡三島村、安威村にウドの名前が地図上に明記され、産地であったことが窺われ、その生産量は両郡合わせ約二万七千貫に達し、約一二ヘクタールの面積と推定されます。そして、村々で生産出荷されたウドは、篭に入れて陸路を牛または馬等を利用し、前述の淀川の渡しまで運び、そこで積み替え、船で天満の市場まで運んでいたようであり、川が重要な農産物の運搬手段でした。また、大阪市東淀川区江口町においても、明治三十二年に味生村（摂津市）よりウドを導入し、昭和十年ごろまでウドの栽培が行われていました。最もウドの栽培が盛んであった昭和六年には、約七〇ヘクタールの栽培面積がありました。現在、三島郡にわずかに残っていますが、高品質なウド生産ということで伝統が受け継がれています。

ウドは、春先に若い芽を摘み天ぷらや酢味噌などにして利用しますが、促成軟化栽培では、畑で育てたウドを株ごと十二月から一月にかけ掘りあげ、藁で作ったウド小屋に根株を伏せ込みます。その上に藁、干し草を何層にも積み重ね、打ち水をし、筵で覆い、さらにその上に束にした藁をのせ、発酵熱を利用して根株から新芽を生長させ大きく育てます。ウドの品質は、赤みがかったり黄色になったものより白くて、太く軟らかいものが良品とされています。最近ではパイプハウスを利用した軟化栽培も行われ、茨木市太田および千堤寺地区で、数戸の農家が栽培に取り組んでおり、「三島うど」として出荷され、あくがなく、独特の風味のあることから現在でも消費者に人気があり、宅配便を利用した販売が行われています。

法事献立には欠かせない上品な食材

ウドは生で食べると、いい香りとシャキシャキした歯ざわりで、最高に美味しいものです。非常に上品な感じのする食材のためか、『助松屋文書』の法事献立には二十六回も登場します。

一、向　あちゃらす　うとせん、きんかんふ、さからめ、しぶくり、めうが竹　宝暦十一年三月二十五日

二、汁　めうと、つふしいたけ、ふき、ちくわ　宝暦十二年十月十八日

三、坪皿　丸うと、生湯ば、順才　天明六年三月二十二日

四、膾　けんきんかん　もやしうと、刻さからめ、さつまいも揚、木ふり、若年切重　しらす　寛政三年八月二十三日

五、平皿　養老麩、椎たけ、片キうと　文化四年三月八日

一の向は、ウドの繊切りや金柑麩などをきれいに盛りつけたオードブルで、あちゃら酢（甘酢に唐辛子を加えたもの）をふりかけて食します。二の「めうと」は、芽ウドのことで、『助松屋文書』には、これ一回だけの登場。『農業全書』に「うどは三、四月に芽が出てくる。その芽は身分を問わず、誰もが賞味するものである」とあるように、芽ウドは、春から初夏の珍味のはずですが、これは、宝暦十二年十月十八日の法事献立です。今の季節でいえば、十二月ごろになります。秋にウドを刈り取って、土などを上からかぶせておくと、白い芽を出します。いわゆる軟白ウドの栽培ですが、宝暦期には、もうその栽培方法が始まっていたということでしょうか。もうひとつ、軟白ウドと考えられるのが、四の「もやしうと」です。三の丸ウドは、『助松屋文書』に三度登場します。これは、丸ウドという種類のものではなく、四センチくらいの長さに切りそろえ、分厚く皮をむき、そのまま茹でて、味をつけたもの、すなわち、丸い筒状の形からそう呼んでいると考えられます。他に「茶せんうと」というのが出てきますが、これもウドを茶筅の形

に切ったものでしょう。五の片木ウドは、片木冬瓜と同じく、ブランドものではないかと思われますが、確証はありません。

六、　向　　紅葛切、白ミしま、岩たけ、□しん、氷豆腐衣上ケ、わさひ　いりざけ　寛政六年四月十日

六の献立に出ている「白ミしま」は、白三島、すなわち摂津国の三島で栽培された白いウドを指していると思われます。天保四年（一八三三）刊『早料理仕方』の四季献立（魚類）の中、春の部に「あをミしま」が出てきます。「鱠　すみそ　たい平作、紅くらけ、もやしうど、あをミしま、白か大根　くりせうがけん」、夏の部に「鱠　なんばす　たこ切重、青ミしま、白瓜せん切くりせうがけん」。同四季献立（精進）にも、「春に青ミしま、夏に白ミしま、紅ミしま、秋に紅ミしま、冬にもやしうど」、と出てきます。いずれの場合も鱠・膾か、指身（差味）の一員になっています。これら「青みしま、白みしま、紅みしま」は、三島ウドの品種名をさしていて、三島はウドのブランド名になっていたといえるのではないでしょうか。

明治二十年刊の『三風料理』に「独活の田楽の法」が出ているので、紹介します。

「ウドの太いものの皮をむき、二寸ほどの長さに切り、たてに二つ切りにしたものに、竹串をさし（三、四つずつさす）、火にかけて乾かし、油をぬり、裏表ともあぶって、木の芽味噌または赤味噌に少し砂糖を加えてすったものをつけてあぶり、やき上がったら串をぬいて皿にもり、けしをふりかける」というもので、美味しそうです。

ウドはウコギ科の多年草です。ウコギ（五加）の若葉は食用になりますが、これが『助松屋文

書』に、たった一度だけ出てきます。天明六年（一七八六）三月二十二日の釋了寿《しゃくりょうじゅ》（助松屋三代目当主茂兵衛）五十回忌献立に、「うこきと実くるみ」の浸し物が出てくるのです。

ソラマメ（蚕豆・空豆）

インドの僧によってもたらされたソラマメ

ソラマメの原産地はまだ確定されていませんが、古代にヨーロッパから東方へその後、西部アジアより伝わったとされます。中国へは『太平御覧』（九八三年）によれば張騫により西域から導入されたことから、「胡豆」と『本草綱目』にあります。わが国には天平時代に、インドの僧、菩提仙那が中国を経て来日した際に、行基に伝え兵庫県の武庫村で試作したと伝えられています。そして、『多識編』に「蚕豆、曾良末米、一名胡豆」とあり、麦についで良い作物であることが述べられています。煮たり、味噌を作ったり、餅や粥にしたり、凶作の時には飢えをしのぐのに有効な作物でした。

ソラマメの名は莢が天を向いていることから、空豆とも書きます。また、中国では莢の形が老蚕に似ていることから蚕豆ともいいます。その他、「おたふくまめ、うずらまめ、さつきまめ、なつまめ、雪割りまめ」など季節と関係した名前でも呼ばれています。

江戸時代以来穀物的な性格を持つ重要な作物とされ、『農業全書』には「畿内にも多し」と記されています。明治二十一年の『農事調査』によれば、一万六千石の生産があり、約一三〇〇ヘクタールの作付面積があったと推定されます。そして、府下全域で栽培が行われていましたが、中でも日根郡、南郡および志紀郡での生産が多い。第二次大戦までは大阪府、兵庫県が本場でした。これは現在の兵庫県尼崎（武庫村）が摂津国であったことが関係していると考えられます。河内一寸の母体とされる、尼崎地方のソラマメについては、川辺郡『立花村誌』によれば、富松《とまつ》一寸ソラマメとしての記載があります。それによれば僧行基が昆陽池の土木工事を指導した際に、土地の農民に「於多福」を栽培させたものがその後改良され、富松一寸ソラマメになったとされています。そして、僧行基が持参したソラマメが「於多福」とすれば、聖武天皇の時代にインドの僧菩提仙那が来朝の際、王噴豆を携帯し、僧行基に種子と栽培法を伝えたとされ、それが京都で広まり、於多福豆となったとされることから、京都から西国街道を西に約三〇キロの伊丹、尼崎へ伝わるのはそんなに年月を要するものでなかったと考えられるのです。

明治時代、ソラマメは野菜で三位の栽培量だった

大阪の一寸ソラマメは武庫一寸からきたものであり、南河内郡喜志村大深の農家によると、当時この地方は米と麦のみの収益で、他に副収入もなく生計は豊かではありませんでした。明治二十二年頃尼崎近在の稗島（大阪市）から一握りの一寸ソラマメの種子を譲り受けたのがその始まりです。栽培の結果は上々で、付近の農家の注目を集め、急速に広がっていきました。当時の品種は赤花と白花が混じっていましたが、白花を選抜し栽培したところ、種子は偏平、しりがうすく、縦皺が少なく、艶が増し、より大きなソラマメの系統を育成することにつながりました。さらに、喜志村のある農家は選抜を繰り返し、ふるいや手選抜により厳選した高品質な種子を販売することとなり、全国的な種場として名声を博することとなりました。また、一寸ソラマメは大阪府泉南郡在住の人物が於多福を改良して育成したとも伝えられますが、現在そのソラマメの系統を認めることはできません。

明治末のソラマメの栽培はサトイモに次いで多く、野菜では第三位で四万ヘクタールに達していました。大正の中頃には、府下で約二八〇〇ヘクタールと最も栽培が盛んでしたが、その後減少し、戦前には南河内で七〇〇ヘクタール、中河内で三五〇ヘクタールの面積があり、その販売種子量は約一八万リットルでした。

府農事試験場は喜志村の在来「河内一寸」から、大きさ二・四センチ以上が九九パーセント、また、豆の形が〇・七三以上の「改良一寸」を昭和十五年に育成しました。さらに、その後白花

で、種子が大粒の「大阪一寸」が育成され、全国にその種子は販売されていきました。河内一寸のうち、へその黒味の薄いものを「茶豆一寸」、また、松原市付近で以前から栽培されていた在来系統はやや中粒ですが、青さや用としてすぐれやや長さやで、その形状と着果状況がバナナに似ていたことから「芭蕉成」と呼称されています。一寸ソラマメは粒形が変異しやすく、選抜を間違うと種子は中・小粒化します。昭和二年に、堺市の河内一寸からより改良され、仁徳陵の西方にあったことから「陵西一寸」と名付けた大粒種も育成されました。一時は七〇〇ヘクタールあった栽培面積も減少し、昭和五十七年には一〇七ヘクタール、平成十一年には二五ヘクタールにまで減少しました。戦時中は米麦が中心でしたが、戦後蔬菜と麦の統制がとれ、再び栽培が始まり、優良品種の育成が望まれることとなりました。

なかなか入手しにくくなった大きなソラマメ

五月から六月初旬ごろ、大きな一寸ソラマメが出回ります。塩ゆでにすると、ビールのつまみによく合います。あるいは昆布だしで炊いて、砂糖と薄口しょうゆで味付けをしても美味しいものです。ソラマメの大粒のものを「お多福豆」といいますが、いかにもお多福の顔の形に似ているからでしょう。しかし、ソラマメの時季はほんのわずかですから、その利用法としては、干したソラマメをもどして使うのが中心です。

また、『農業全書』(一六九七年)には、ソラマメは「大坂に多し」とあり、第二次世界大戦前後まで大阪、兵庫が本場でした。江戸時代、大坂が本場のソラマメですが、『助松屋文書』の法

られます。

両方とも、はじき豆という名称で書いているので、干したソラマメをもどして煮たものと考え

二、　坪皿　薄くす　おほろ麩、はしかみ、はじき豆　享和二年四月十八日

一、　煮冷　まきゆば、しいたけ、さといも、梅干、はじき豆　宝暦八年七月十九日

事献立には、「はじき豆」として二カ所に出てくるだけです。

筆者の子ども時代、昭和二十年代から昭和三十年代はじめ頃のことですが、海水浴へ行くと、どの海岸にもよしず張りの店が出ていて、かき氷やスイカを売っている横の軒先に煎ったソラマメを入れた小さい白い網袋がいくつもぶら下がっていました。大人も子どももそれを買い、六尺ふんどしや海水パンツのベルト、水着の肩ひもにくくりつけて、海水浴を楽しみました。海から上がって、海水でほどよく塩味がつき、やわらかくなったソラマメを食べるのが楽しみでした。その味が忘れられず、いくつになっても煎ったソラマメが食べたいのです。「はじき豆」としてスーパーなどで売っているものは、さくさくと柔らかくなっています。干したソラマメをフライパン（焙烙で煎ったらもっとおいしい）で煎ったら、硬いけれどさらに美味しい。それも、大きな一寸空豆が美味しい。香りがよく、かめばかむほど味が出てきます。ところが、悲しいことに最近、干した一寸空豆が手に入らなくなりました。売っているのは、小さなソラマメばかり、ほとんどが中国産です。「国産の一寸空豆なんか、高うて手エが出まへんわ」とは、市場の乾物屋の主人の弁。だいたい、近頃では、市場で豆や雑穀だけを扱う店自体が無くなってしまいました。

司馬遼太郎の『坂の上の雲』のクライマックス、大日本帝国の連合艦隊がロシアのバルチック

艦隊を迎え撃つ日本海海戦のシーンで、参謀秋山真之が胸のポケットから煎ったソラマメを取り出し、口へほうり込むところが何回か出てきます。『坂の上の雲』を読んだのはもう随分以前のことですが、その場面で無性に嬉しくなったことをよく覚えています。

四天王寺の近くの菓子司「河藤《かわとう》」（大阪市天王寺区）には、「福寿」という銘のソラマメの和菓子があります。中は白あん、外側は砂糖で炊いてまっ黒になったソラマメ。口に入れるとほろほろとやわらかく、上品な甘さが楽しめる上等の和菓子です。

エンドウ（豌豆）

ウスイエンドウは羽曳野《はびきの》市碓井《うすい》地区から付いた名

中央アジア、近東が発祥地であるとされており、ギリシャ、ローマ時代にはすでに栽培されていました。中国では『斎民要術』に「豌豆」の記載があり、唐の時代に西方より伝わりました。

わが国では『和名抄』に「野豆、豌豆、和名『乃良末女』」とあり、『多識編』には「乃良麻米、異名胡豆」とあり、古くから栽培されていました。

『舶来穀菜目録』によれば明治に入り、アメリカ、フランス、オーストラリアから数多くの品種が導入され、各地で試験栽培されてその適応性が検討されました。そして、北海道には「札幌青手無」が種実用として発達しました。暖地では明治中期になって碓井（ブラック・アイド・マロウファット）が大阪に導入され、秋まきの剥実《むきみ》エンドウが急激に発達しました。明治二十一年の農事調査では約四〇〇ヘクタールの栽培面積で約四千七百石ほど生産がありました。大阪府下全体に生産地が分散していましたが、三島地域、泉南地域、北河内で多く栽培されていました。そして、明治の末には全国で三万ヘクタール、昭和の初めには六万ヘクタールとその栽培は増加しました。穀類としての栽培から野菜としての栽培に変わり、昭和四十年頃には六〇〇〇ヘクタールに減少しました。乾燥種実用のエンドウは六割までが北海道で生産され、菓子や煮豆に加工されていま未熟なものは莢用と剥実用があり、この産地は鹿児島県と和歌山県など暖地です。ています。

碓井エンドウは、大阪府羽曳野市の碓井地区の名前が冠されていると推定されます。なぜなら、大阪で碓井という地名が羽曳野市にしかないことから、羽曳野市の碓井地区に原名ブラック・アイド・マロウファット品種が導入され、試作の結果「碓井エンドウ」と新たに日本語の品種名をつけたのではないかと考えられるのです。碓井エンドウは黒目で、澱粉質で粒色も薄く、品質の良い種実用種です。

「筍ごはん」の後は、エンドウの「豆ごはん」

大阪では、エンドウのことを「エンド豆」といったり、単に「まめさん」といったりします。また、大阪特産の「碓井エンドウ」の名を取って、市場では、「ウスイ」と名札がつけてあるのをよく見かけます。エンドウも、ビン詰や冷凍物になると、グリンピースといいますが、さやに入ったエンドウや実エンドウは、エンド豆と呼んでいます。

五月、「筍ごはん」を楽しんだあと、エンドウのいっぱい入った「まめごはん」を食することになります。「まめごはん」は、塩と薄口しょうゆをほんの少し、それにだし昆布を入れて炊きます。

『助松屋文書』の法事献立には、この「エンド豆」は出てきません。時々出てくるのは、「青豆」です。青豆は大豆のことで、旧暦八〜十月の献立に出てきます。坪皿にゆり根真上（真薯）や割ぎんなんなどといっしょに薄くず仕立てで出されます。このことから、青豆は枝豆のことと考えられるのです。法事献立にエンドウはでませんが、「さや豆」が三カ所にでてきます。

一、　茶碗　敷みそ　□後梅、まつたけ、さやまめ　文化四年三月八日

二、　茶碗　敷みそ　おぐらの、いわたけ、さや豆　天保七年二月二十五日

三、　茶碗　改敷ひば　菜種餅、さや豆　嘉永六年二月二十八日

三つとも、旧暦二月末から三月はじめの献立です。今の暦では、四月ごろになります。これらのさや豆は、絹さやのことだろうと思われます。あるいは、大豆のさや豆かもしれません。一のまつたけが季節はずれですが、細く割いて乾燥保存していたのでしょうか。あるいは「つけしめじ」が出てきますので、松茸も塩漬けにして保存したのかもしれません。

美味しいウスイエンドウで、「まめごはん」を炊いて楽しめるようになったのは、明治中期に大阪に碓井が導入され、さかんに栽培されるようになった明治末期以降のことのようです。

こつまなんきん

カボチャの名前の由来はよく知られているように、ポルトガル人が航海の途中日本に漂着した後、貿易を許可され、カンボジアで作られた野菜をみやげとして持ってきたことによります。しかし、当時の日本人はポルトガル語が十分理解できず、あれこれのやり取りののち、カンボジアから持ってきたことから、カンボジアが訛ってカボチャになったようです。同じカボチャも、アモイ（中国）やルソン島（フィリピン）からも長崎に入ったわけですが、ポルトガル語でカボチャのことを「abobra」といったことから、これが訛り、「ぼうぼら、ぼうぶら」などとも呼ばれています。また、佐藤信淵の祖先が九州のカボチャを秋田に伝えたことから、東北地方でもカボチャのことを「ぼうぼら」と呼びます。

また、カボチャは植物学的には三つの属にまたがり、日本カボチャは、メキシコから中米が原産のククルビタ・モスカータであり、最も早く一五四〇年代にわが国に渡来しました。また、西洋カボチャ（栗南瓜）は南米のペルーからアルゼンチンの高原地帯に原産するカボチャで、ククルビタ・マキシマという種類で、日本カボチャが渡来してから、三百年後に日本に渡ってきました。さらに、北海道へ明治に導入された飼料用の大型のカボチャは甘みが少なく、固いため牛の餌に利用され、鉞《まさかり》カボチャなどとも呼ばれていますが、これはククルビタ・ペポという種類のカボチャです。同じペポの仲間ですが、われわれが果肉の繊維状のものを食べる「そうめん南瓜」、別名「糸南瓜」はペポカボチャの仲間です。同様、ソウセージのような棒形のカボチャの「ズッキーニ」もペポカボチャの仲間です。このように、わが国にあるカボチャは一種類のように思われていますが、実は三つの種類が含まれているのです。

さて、大阪・勝間村のカボチャは、作家今東光の小説『悪名』に紹介されています。舞台は大阪・河内のある村で、夏祭りの日、友達の辰吉と遊びに行くために女装しようと、朝吉はこっそり姉のタンスから着物と帯を盗み出し、辰吉の姉に着せてもらい、鏡台の前で化粧をしてもらったときの会話で、白粉刷毛で首筋を塗られると朝吉は「わあ。ひゃっこいな」、と素頓狂な声を出して叫びます。顔にも白粉や紅を塗られ、頭から手拭いで頬かむりして、小肥りの可愛らしい女が出来上がります。「朝ちゃんは、『こつまなんきん』やわ」と辰吉の兄嫁さんは手を打って笑います。

こつまなんきん（勝間南瓜）は早生のカボチャで、縦溝のある小振りで、表面に小さい瘤がたくさんできるカボチャです。そして、十分果実が熟すると、果皮が緑色からうす茶褐色となり、表面に白い粉が吹く外観となることから、日焼けし、ニキビ華やかな若者朝吉が、化粧して女装した様子を見て、まるでこつまなんきんに着物を着せたような感じになったことを著者は形容したのでしょうか。

タマネギ（玉葱）

明治にアメリカから種子を導入して栽培が始まる

原産地は中央アジアのイラン、西パキスタンあるいはその北西部山岳地帯と考えられていますが、まだその野生種は確認されていません。古い作物で古代エジプトに伝わり、紀元前三〇〇〇年以上前の王の墓の壁画に描かれています。わが国には明治四年に開拓使がアメリカからイエローグローブダンバースの種子を取りよせ、春作の直播きで、札幌市の郊外で試作したのが初めてです。

一方それよりは少し遅れますが、文久元年（一八六一）生まれの農業勧業委員であった大阪府岸和田の坂口平三郎は自ら農事試験場を設けて「東皐園《とうこうえん》」と称し、菜果の新種を収集試作して地方農家の啓発に努めていました。明治十五年（一八八二）に神戸の料亭でタマネギを初めて見、苦労の上採種培養に成功し、泉南タマネギの基を開いたのが秋まきタマネギの創始です。また、泉南郡田尻町吉見の里の篤農家で勧業委員であった今井佐治平は坂口平三郎宅に集まった際、彼のタマネギを見てこれに着目し、坂口に依頼し、当時六合の種子を譲り受け、これを息子の伊太郎に栽培させました。その後、今井伊太郎、大門久三郎、道浦吉平らは栽培法や販売法で苦労した結果、吉見タマネギの名が広がっていきました。また、明治二十六年にコレラが大流行しましたが、これにタマネギが効くといわれ、明治四十四年の統計には三〇五へクタール、大正十二年（一九二三）には一六〇五へクタールの栽培面積に増加しました。明治三十年には、神戸市の承認をへてオーストラリアへ輸出するまでになったのです。

大阪では独自の品種を育成

当時のタマネギは相当雑ぱくであり、当初の品種はイエロウダンバースではないかと考えられますが、黄色のほか赤、白、紫タマネギもかなりあったようです。当時の形状では甲高の中晩生の黄色タマネギが良いとされ、今井その他一部の人によって母球の選抜が行われ、次第に品種の純度が高くなりいわゆる「吉見種」が広まっていきました。また、当時今井伊太郎によってすでに早中晩生が分型されていたともいわれ、タマネギの早生は海岸線に沿い、中生から晩生は平地から山間部に移行しており、これらのもとは吉見種に起因していることは間違いないとされています。泉南地域の採種は従来から個人採種が多く、個々の農家が自己の好みの選抜により系統を育成してきたために、個々に、また、その地域によっても多少の変異があります。個人採種が多い理由は、当時から青田売りによる販売が行われていたことから、商人と直接畑で立毛を見て交渉するため、自己の満足のいく系統を作ることになったことが関係していると思われます。

これまでに有名な品種の一つとして貝塚市澤地帯で作られ、昭和十二年から十三年（一九三七〜三八）に育成された扁平な球の貝塚早生があります。また、早生性に収量性を兼ねた佐野早生、田尻町嘉祥寺系もあります。今井伊三郎は大正六、七年頃から中生系の吉見種の品種改良を始め、昭和十年頃から、大阪府農事試験場の指導を受け、不抽台性・多収で、かつ扁平で肉厚の今井系を昭和十七年頃に育成しました。泉州黄は広義には貝塚、今井系はもちろん中晩生も含まれますが、狭義には中晩生をさします。泉州中甲高型のものとしては、信達系などがあります。淡路系は泉南郡日根野村（泉佐野市）の泉州タマネギの系統が大正時代に淡路に移行したものです。そのほか大阪中高、大阪中生、大阪丸など球の形や熟期の異なるこれらの品種は、府農事試験場が在来系統より淘汰選抜固定した品種です。これまでの品種はいずれも九月に播種し、十一月定植、翌年の五月から六月にかけ収穫できる品種です。同農試の伊藤清は貝塚早生よりさらに早生性の高い系統を選抜し、いわゆるオニオンセット（タマネギの赤ちゃん）を利用した超早取りの作型用品種の育成に取り組み、あとを受け継いだ山田貴義が冬取りタマネギの作型を完成し、その作型に適する「大阪さきがけ」という超早生品種の育成に成功しました。この作型は二月中下旬にトンネル内に種をまきマルチし、五月にはオニオンセットを育成し、収穫後九月の始めまで小屋の軒下などに吊って保存し、九月に定植すると十二月になればタマネギが収穫できるという作型です。これまでは十二月に新タマネギを食べることができず、この時期にはほとんどは秋まきの貯蔵タマネギか北海道の春まきタマネギしか利用できませんでしたが、十二月にこの様に新タマネギを食べることができることは画期的な成果といえます。

大阪でもっともタマネギの生産が盛んだったのは、昭和九年の二三七〇ヘクタールであり、その後兵庫県や北海道での生産が増加し、次第に府下の生産は減少し、平成十一年（一九九九）の統計では二〇四ヘクタールにまで減少しました。しかし、タマネギは栽培に必要な労力も少なく、水田裏作としては最適の野菜であるといえます。そして、現在では前に述べたような固定種の栽培は少なくなり、ほとんど雑種第一代のタマネギ品種で、甲高で収量が高く、休眠が深く、収穫後十二月までは十分貯蔵が可能な特性をもった品種が多く、さらに冷蔵・輸送技術の発達にともない、海外からの輸入タマネギを用いることにより、ほぼ周年にわたってタマネギが供給されるようになり、冬取りタマネギの需要はほとんどなくなった感があります。しかし、現在のタマネギの育種の過程で、貯蔵性、収量性を追求するあまり、貝塚早生など在来固定種のもっている、やわらかい肉質、甘味、香りが少ないのは残念な状況といわざるを得ません。もう一度、本当に美味しいタマネギを再興させ、坂口平三郎が初めて神戸で食べたときの感激を再現、体験したいものです。

このため大阪では、「魚すき」（魚のすき焼き）などこの品種独自の食し方が普及しました。これは大阪独自の食文化形成の一角をなすとともに、減少したとはいえ、今日もなお絶えることなく泉州タマネギの生産を継続させている要因ともなっています。

すき焼きに入れて美味しい泉州タマネギ

カレーの作り方を日本で最初に紹介した本は、明治五年に出版された『西洋料理指南』と同年に出版された仮名垣魯文の『西洋料理通』だといわれていますが、両書ともに、カレー作りにタマネギは使わず、ネギを使っています。明治十九年十月発行の『婦女雑誌』には、タマネギあるいは和葱（にほんねぎ）を細かに切って入れる、としています。しかし、ほぼ同時期の明治二十年五月、大阪で発行された『三風料理』には、カレーのみならず、数々紹介されている西洋料理に、タマネギはいっさい使われていません。タマネギの栽培は、明治十五年岸和田市の坂口平三郎が神戸の料亭で初めてタマネギを見て、その採種培養に苦心の末成功し農家に勧め始まったということですから、明治二十年の段階ではまだ、日本国内でタマネギはほとんど食べられていなかったといえるのでしょう。『三風料理』の中に出てくる「牛肉ソップ（スープ）の製法」でも、タマネギの代わりにネギが使用されています。また、「コロッケの製法」でも、「カレイ（カレー）の製法」でも、同様です。

明治四十年三月、大阪発行の『家庭惣菜と料理法』にも、タマネギを使った料理は一品も出てきません。タマネギが一般家庭の料理にさかんに登場するようになるのは、もう少し遅れるのかもしれません。大正・昭和初期には泉州タマネギが全盛期を迎えました。

ここに面白い調査結果があります。平成十二年十一月七日付の「日本農業新聞」に東京と大阪で「すき焼きの具材」を調査したところ、大阪ではタマネギを入れますが、東京では入れないと、はっきりと差が出たということです。これは現在の調査ですが、おそらく大阪では、泉州タマネギが家庭へ出回りだした頃から、すき焼きに入れて食べていたのではないかと思われます。

キャベツ

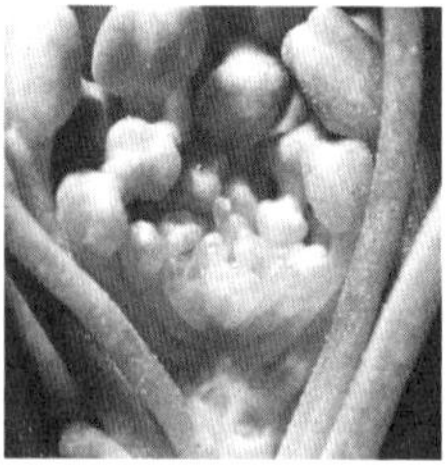

江戸時代は観賞用、明治になって食用へ

ヨーロッパ、地中海沿岸や北海、大西洋沿岸などに野生種が自生し、それが改良されて現在のキャベツに変化していきました。結球性のキャベツは一世紀に入って初めてみられ、おそらく紀元頃南ヨーロッパにおいて成立したものであろうとされており、結球のゆるい軟球キャベツが栽培されています。現在のキャベツは一三世紀頃に結球種が出現し、ヨーロッパ各地で改良が進み、一六世紀には縮緬キャベツや赤キャベツもできました。

『植物名実図考』(一八四八年)に初めて「葵花白菜」として図示され、当時は山西方面で優れた野菜として栽培普及しました。わが国では、『大和本草』(一七〇九年)に「おらんだな」、一名「さんねんな」として紹介されているものが、結球した状態は明示されていませんが開花の点などから、食用のキャベツと推定されています。また、『成形図説』には「はぼたん」として観賞用に記述され、野菜としては普及していませんでした。明治六年には『西洋蔬菜栽培法』に八品種が記載され、明治七年には種子が一部の県に配布され、試作されました。

タマネギに代替出来る有利な換金作物がないかと検討され、水田裏作に適したものとしてキャベツが導入され、大正から昭和の初めに「泉州寒藍」が市場の人気を博しました。これは、泉佐野市日根野の明治二十七年生まれの菊正一が大正元年に、天満市場で仲買をしていた、隣村上之郷出身の川上力松のすすめで玉菜(キャベツ)を一アール栽培したのが大阪での始まりで、煮炊きをしたところ甘たるくって、誰も食べるものがなく、牛にやってもただ匂いをかぐだけだったそうです。集荷量を確保するため、翌年五アール作って天満市場へ初出荷したところ、ちょうど神戸で海軍の観兵式が行われた際の需要と重なり、異常な高値を呼び、五アールで二十五円の収入を得たといわれます。「泉州寒藍」の優良母本を選抜し育成された品種は、近代の雑種第一代品種のように揃いはあまりよくはありませんが、当時としては品質の良いキャベツとして有名でした。また、大正元年に、中河内の川中新田(東大阪市)の末吉幸八がキャベツを導入したとあり、この二人が大阪府下でキャベツ栽培を始めた人物です。

大正四年の大阪府統計によれば、明治四十四年には府下では一一・二ヘクタールで四万六千七百五十貫のキャベツ生産があり、産地別では泉南郡で四・八ヘクタール、中河内郡で一・九ヘクタール、西成郡で〇・四ヘクタール、三島郡で〇・一ヘクタールの栽培面積でした。その後大正十年には七二ヘクタールと急に増加し、さらに、昭和二十九年のタマネギのべと病の大発生の後に、代替作物として作られたことから、昭和三十年代に一三〇〇ヘクタールに栽培面積が増えました。換金作物としての価値と食習慣の変化で急速にキャベツの生産と需要が増加していきました。そして、泉州の泉佐野市を中心に秋冬採りキャベツ品種として、元試験場の技師によって昭和五十三年に「松波」品種が育成され、秋冬どりキャベツでは、柔らかで美味しいことから人気があり、この作型においては現在でも大阪市場において不動の位置にあります。

西洋料理とともにやってきたキャベツ

大正に入って、泉州でキャベツの栽培が始まり、昭和の初めには、大阪の家庭でもキャベツが食卓にのぼりはじめます。船場伏見町の芝川ビルにあった「芝蘭社《しらんしゃ》」は、花嫁学校のはしりで、船場の「嬢《とう》さん」たちが通い、そこでビーフステーキやビーフカツレツ、ハンバーグステーキ、ロールキャベツなどの西洋料理を習い、家でよく作るようになります。阪神間の「甲子園ホテル」(兵庫県西宮市)でも西洋料理教室が開かれていました。また、大阪の人々は、中之島の朝日新聞社ビルの「アラスカ」や船場平野町御堂筋角の大阪ガス本社ビルの「ガスビル食堂」のような本格的なレストランへ食事に出かけたり、もっと気軽なグリルや阪急百貨店の食堂、いわゆる「洋食屋」とよばれる西洋料理店へも出かけるようになり、西洋料理は、どんどん家庭へ入ってくるようになりました。船場では、普段は質素な茶漬や、「お番菜（惣菜）」を食べていますが、日曜日には、まるでレストランや洋食屋のように、カツレツとキャベツの刻んだものを西洋皿に盛りつけ、その横にごはんをやはり西洋皿に盛って、わざわざナイフとフォークで食べました。調味料は「いかり」のウスターソース。大阪でカツレツといえば、ビーフカツレツのこと。筆者の父は明治三十一年生まれでしたが、カツレツが大好物で、キャベツにもカツレツにもじゃぶじゃぶとソースをかけて美味しそうに食べていました。キャベツはやわらかく甘みがあって、もっぱらナマで刻んで食しました。

大阪とキャベツを考える上で、忘れてはならないのがお好み焼きです。お好み焼きはもともと夜店やお祭りの屋台で売っていた「洋食焼き」とか「西洋焼き」でした。これはキャベツが無いと出来ない料理です。お好み焼きは、泉州のキャベツの発展とともに大阪で発展してきたといえるでしょう。

鴨なんば

「鴨がネギを背負《しょ》ってくる」といわれるほど、鴨とネギは相性の良い食材です。「鴨なんば」とは、その鴨とネギを煮たものです。江戸時代の難波あたりは、一面農地が広がっており、品質の良い葉ネギの産地であったことから、ネギのことを「なんば」と呼びました。この料理も「鴨ネギ」と呼びたいところを、大阪流に「鴨なんば」と呼んだのでしょう。

鴨はわが国に一二、三世紀頃に中国から伝わった野生の鴨を、家禽にしたアヒルが利用されていたものと思われます。水掻きが広いことから「アシヒロ」と呼ばれたものが、「アヒル」に訛ったのではないかとされています。豊臣時代の記録には、「アヒルの飼育が奨励され、大坂を中心とした地域で、灌漑用の溜池などを利用したアヒルの飼育が盛んだった」とあります。また、明治の鳥肉店の看板には、「ひる・かしわ」とあり、アヒルのことを「ひる」とも呼んだようです。明治中頃には産業として発達し、昭和三十年代には飼育数も二十万羽を越え、全国シェアも八〇パーセントを上回るほどになりました。

大阪の「かしわ屋さん」をはじめ、全国的にアヒル肉は合鴨肉と呼ばれてきました。天神祭には、「合鴨肉を食べないと夏を越せない」といわれるほど、「鴨なんば」は鰻と並ぶ夏のスタミナ食で、ネギとのコンビは現在も健在です。

第三章　なにわ大阪伝統野菜の流通

古代・中世・近世から明治期の野菜の流通

一　古代中世の市《いち》

古代の難波《なにわ》の市

大坂の市は、すでに八世紀の奈良時代からあったという記録があります。『続《しょく》日本紀《ぎ》』巻第三八の延暦《えんりゃく》三年（七八四）五月の条によれば、古代難波に「難波市」がおかれていました。同書の「補注」にある「職員令」六八の摂津大夫職掌に「市廛《みせ》」とあり、摂津職が所管する難波京に置かれた官営市であることがわかります。場所は四天王寺北方の上町台地南部に位置しています。『日本霊異記』上―三五には、市人や行商人らが活動しにぎわう様子が記されています。

ここは瀬戸内海交通や淀川・大和川の河川交通とつながる難波津を擁し、畿内における重要な流通の拠点でした。また、難波市から上町台地南部の方向に四天王寺とつながる南北道があります。発掘調査によると、四天王寺の遺跡の年代は七世紀後半の白鳳時代からさらに推古朝末年（七世紀前半）ころまで溯れるとされています。したがって、古くから機能していた難波津と結び付いた難波市と四天王寺とを結ぶ「難波市　南道」は、難波京の造営以前から存在した古道かもしれません。

中世の摂津・河内・和泉の市場

鎌倉時代ごろまでの摂津、河内、和泉（以下摂河泉）では、住民たちは村々を回ってくる商人たち（連雀《れんじゃく》商人という）や、月三回か六回の定期市が開かれる地方市場に出店を開いている商人たち（市座《いちざ》商人という）から日用品などを購入していました。連雀とは荷物を運ぶ木製の背負道具のことですが、のちに連雀商人をただ単に行商人というようになりました。

この定期市は古くから発達していました。市場には掘立小屋程度の建物が並んでいて、休市日には流浪者たちの溜場になっていました。後には商人や職人が家族とともに居住し、農村地帯の中で在町《ざいまち》が生まれてきます。

在町として、陸上や河川交通の要衝にあった伊丹（兵庫県伊丹市）、富田、芥川（いずれも高槻市）

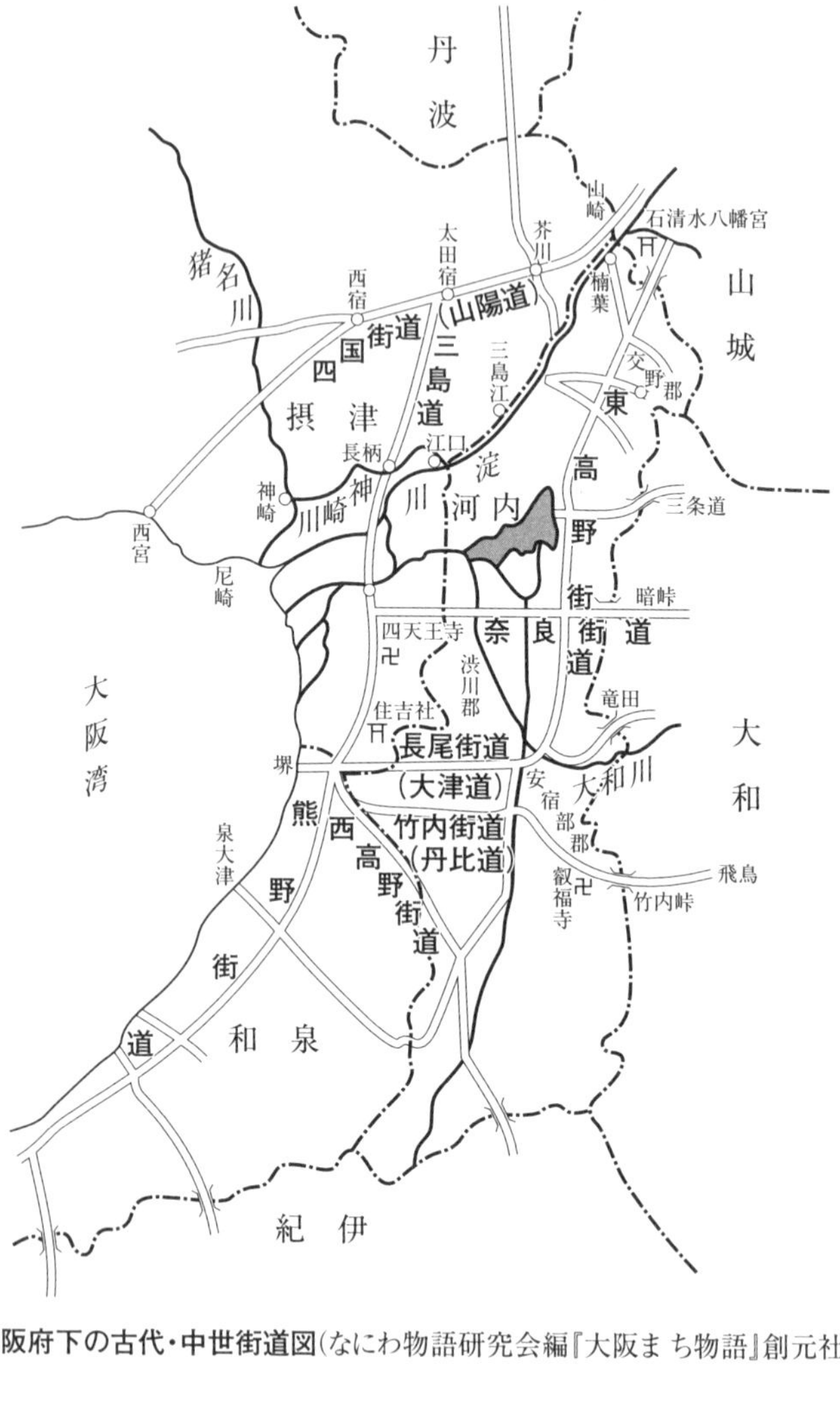

大阪府下の古代・中世街道図(なにわ物語研究会編『大阪まち物語』創元社より)

は西国街道にあり、池田（池田市）は西国街道から分岐した能勢街道にあります。枚方は淀川の東岸にあり、大ヶ塚《だいがつか》は東高野街道にあり、平野（大阪市平野区）、久宝寺（八尾市）は渋川古道の要衝で、金田《かなた》、長曾根は難波と大和南部の飛鳥とを結んで、古代からの街道にありました。

大阪湾沿岸部に貝塚と佐野がありますが、熊野街道に面しています。こうした街道沿いに在町ができ、人の住む町には近郊の農民たちが自作の蔬菜類を売捌きに集まって、市場を形づくっていました。

摂津には鴬島（大阪市西淀川区加島）の美六《みろく》（弥勒か）市、小路《しょうじ》市（豊中市）、今市、豊嶋《てしま》市（豊中市）の四ヵ所がありました。河内には楠葉《くずは》（枚方市）、大保（大阪府美原町）があり、堺では大小路《おおしょうじ》を中心に、南北にかけて商人たちの店舗が拡がっていました。

大坂本願寺寺内町の人々の生活

明応《めいおう》五年（一四九六）、八世蓮如《れんにょ》が大坂の地に庵《いおり》を創建しましたが、翌六年にはすでに町らしきものが存在していました。しかもそれが単一の町ではなく、おそらく六町あり、小さな形ではあっても町らしいものができたのではなかろうか、と思われます。新屋敷・西町・北町・北町屋・南町・清水町の六町で、それに加えあをや（青屋）町などもあり、数千人以上の環濠城塞都市だったとされています。

「天満青物市場開市年歴及沿革」（明治十三年十一月六日青物問屋商取締・佐藤治兵衛）という記録には「一五七三（天正《てんしょう》元）年、石山本願寺門前ニ於テ開市販売品青物一切菓物乾物等ヲ合シテ青物市ト号ス。爾後漸次分離シ目今ニ至リ青物一切及菓物ヲ取扱ヒ候事」と記述されています。

京都・山科にあった本願寺が、天文《てんぶん》元年（一五三二）八月二十四日、京都の日蓮宗徒と細川晴元の外舅である佐々木六角定頼（近江・観音寺の城主）に攻められ、炎上してしまったので大坂に移転してきます。また、三十年後の永禄《えいろく》五年（一五六二）には、大坂本願寺の寺内町の二千軒が焼失しています。一軒五人の所帯として約一万人の人たちが、本願寺の寺内町で生活していたのです。この人たちの食料として、門前で青物・乾物・川魚・生魚（海水魚）・塩干魚（海水魚）その他の日用品の商いがはじまっていました。

青物の輸送方法と集荷範囲

青物類の輸送は摂津（大阪府・兵庫県）、河内（大阪府）、和泉（大阪府）、大和（奈良県）、山城（京都府）、近江（滋賀県）から、舟運を利用して輸送されています。摂津・河内平野には琵琶湖から流れ出た淀川と、大和盆地の水を集めた大和川が合流し、舟運による輸送は自在に運行できました。

海上輸送の方は本願寺宗派一統の運搬が始まっており、瀬戸内では阿波（徳島県）、讃岐（香川県）、播磨（兵庫県）、備前（岡山県）、備中（岡山県）、備後（広島県）、安芸（広島県）、伊予（愛媛県）の各方面から、乾燥した蔬菜類が舟便で大坂まで運ばれています。この時期は、生物《なまもの》の青物類と乾燥した青物類のうち、乾燥したものの方が多かったようです。

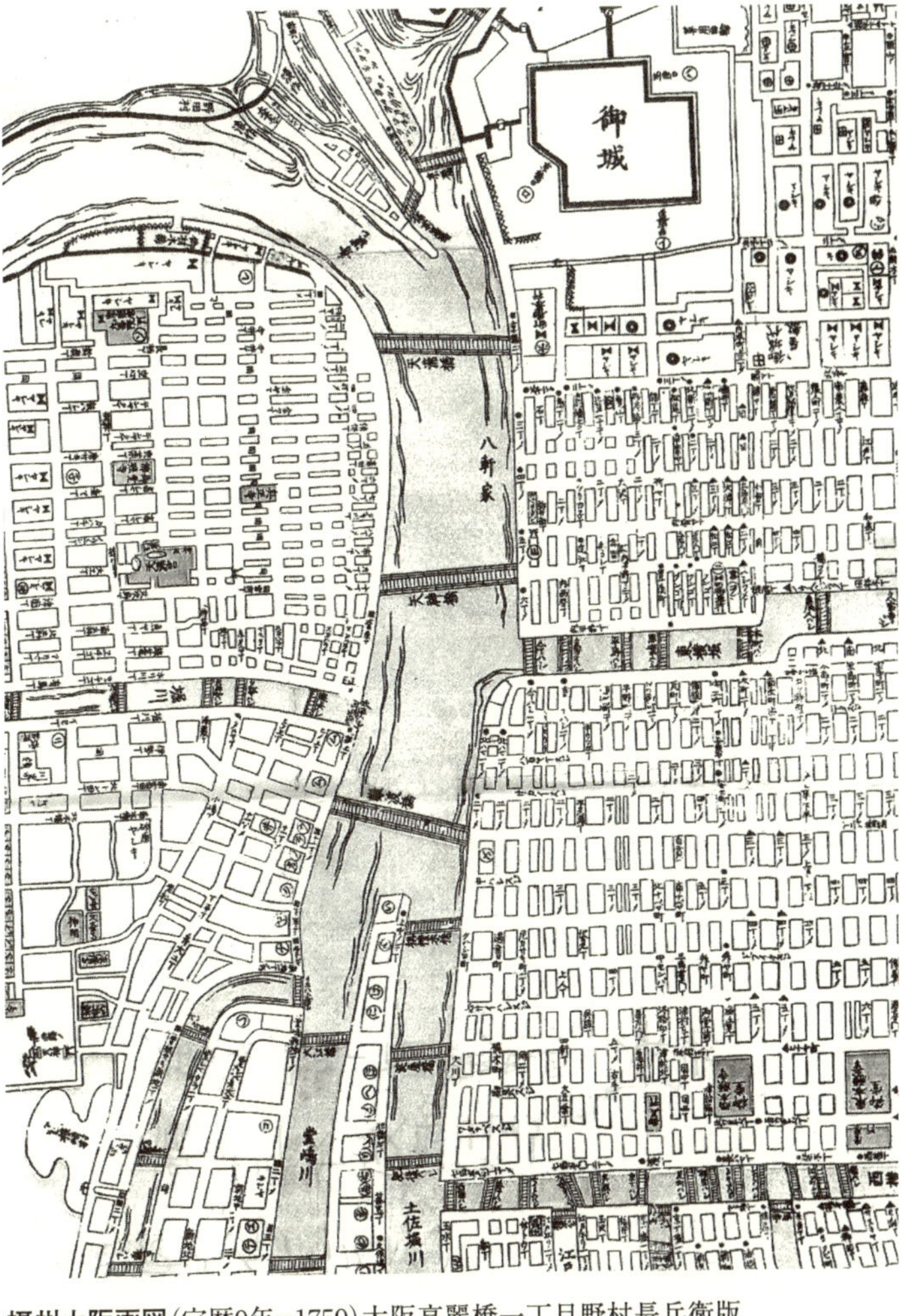

摂州大阪画図（宝暦9年=1759）大阪高麗橋一丁目野村長兵衛版

二　江戸時代に入って急速に整備された市場

天満《てんま》青物市場の成立

豊臣秀吉が天正《てんしょう》十一年（一五八三）、大坂城の築城を始め、大坂の街造りの整備にかかってから、大坂城の北側にあたる京街道の入口、京橋の南詰（京橋一丁目）の上手、いわゆる城北土手下にあった初代淀屋常安の邸地内で青物商いが始まりました。同じく京橋の北詰には、鮒市場がありました。大坂冬・夏の陣で街が焼け落ちて、町人たちは街から離れていましたが、戦いがおわった元和《げんな》二年（一六一六）には町人たちは再びもとの場所に戻ってきて、青物商も復活するようになりました。

慶安《けいあん》四年（一六五一）には、京橋一丁目の淀屋个庵屋敷が幕府御用地として収用されたため、京橋片原町（のちの相生《あいおい》町、現大阪市都島区片町）に移転します。この時、仲間の青物問屋八軒が密かに天満の地に移り、新規に市場を開始しましたが、片原町の市場商人から異議申立があり、町奉行所から退散を命じられました。

京橋片原町は京街道に面していて往来する人たちも多く、その上家主から家賃の値上げが持ち出されたので、青物市場の問屋・仲買は商売にさしつかえるとして、町奉行曽我丹波守《そがたんばのかみ》・松平隼人正《まつだいらはやとのしょう》に天満の地への移転を願い出て、許可されます。

天満青物市場の区域は、天神橋の北詰から濱通を東へ、龍田町の西角まで（十丁目・市之側・瀧川町・六丁目・九丁目・八丁目・七丁目・龍田町）の八ヵ町と定められました。問屋久寶寺源右衛門外三十一名は、早速土地を買入れ、市場所を建築し、二年後には京橋片原町から引っ越しして、この地で商いを始めました。町奉行所からは「官許青物市場」の標札を受けました。この承応《しょうおう》二年（一六五三）、青物問屋は五十三軒でした。

ちょうど、天満宮の門前にあたり、「宮前大根」がさかんに採れた畑地でした。

延宝《えんぽう》二年（一六七四）六月十三日の夜半から激しい雨が降り続いて淀川が大洪水になり、大坂東郊の「榎並《えなみ》郷八ヵ村」が浸水して、野菜が出荷不能になります。「市場の青物問屋はもちろん、その他の市に出ているものまで困窮し迷惑しています。問屋では集荷が困難になり、売掛銀の回収が滞り、難儀をしています。客人の仕切銀の支払いなどに困るようになった」ので、東西町奉行が相談して、口銭（手数料）を一歩（一パーセント）引上げることになりました。当時の問屋口銭はわかっていませんが、元禄《げんろく》四年（一六九一）の「萬口銭附覚《よろずこうせんつけおぼえ》」（『青物市場舊記』）には、問屋口銭は平均五から六分であったと書かれています。

この榎並郷とは、（東）野田村、網島村、中野村、澤上江《かすがえ》村、善源寺《ぜんげんじ》村、内代《うちんだい》村、友渕《ともぶち》村（以上大阪市都島区）、野江村（大阪市城東区）の八ヵ村でした。

初物《はつもの》の売り出し日の決定

貞享《じょうきょう》三年（一六八六）に幕府は、初物の蔬菜や果物を珍重する風習がさかんになってきたので、最初の売出日を決めます。生椎茸《しいたけ》は正月と四月、茄子《なす》は五月、まくわうりは六月、蜜柑《みかん》は九月と三月、林檎《りんご》は七月、松茸《まつたけ》は八月、葡萄《ぶどう》八月、御所柿は九月から十一月です。

元禄二年（一六八九）、問屋数が五十四軒に増えました。走り物（旬《しゅん》の初物）の蔬菜、果物の販売季節を、幕府は元禄六年（一六九三）十二月に〝御触及口達〟の「青梅柑類商売之事」で定めます。

「しいたけ正月から四月迄、つくし二月より、ぼうふう二月より、葉せうか三月より、ねいも三月より、竹の子四月より、茄子五月より、白うり五月より、枇杷《びわ》五月より、真桑瓜《まくわうり》六月より、大角豆《ささげ》五月より、りんこ七月より、松茸八月より、めうと八月より、御所柿九月より十一月まで、ふとう八月より十二月迄、久年母《くねんぼ》九月より三月迄、密柑九月より三月迄、たて三月より、梨子《なし》七月より十二月迄、わらひ三月より」とされました。

明和《めいわ》八年（一七七一）十二月十三日に、天満青物問屋が株仲間の出願をするため、大坂町奉行の諮問に応じて「営業慣習」を上申していますが、この触書をみると大坂に出荷されてきた、蔬菜や果物の収穫時期がよくわかります。

それによると、西瓜、かも瓜、山椒《さんしょう》は一貫文《もん》につき七十文の口銭。西条柿、近江柿、干物類は一貫文につき五十文の口銭、他は一切一貫文につき六十文の口銭。この荷物は販売すると、荷主方へ問屋から仕切し、銀子を渡します。売先の者は現銀払いもありますが、問屋の売掛銀は毎月晦日に問屋が集銀します。

つぎの十二品目については市場の仲買だけに売り、ほかの商人たちは仲買から買受ることになりました。

蒲《ぶ》どう、蜜柑、若和布《わかめ》、片田布、獨活《うど》（名古屋・めうど・山うど）、山椒、いけ栗、山葵《わさび》、駿河茄子、西条柿、ほうづき（但走りより十月の間、他所行は格別）、近江柿（同）の十二品。

これまでの問屋のうち、数多くの荷物を取扱う問屋は仲間に分けてもよいし、小売してもよい、これらは古来からの仕来り通りであると、町奉行所に上申しています。

株仲間の承認

明和八年（一七七一）天満青物市場問屋は、町奉行所からの要請によって「濱《はま》先附洲使用」の冥加銀の上納を承諾します。これまで市場の濱先にある洲を、自由に使うことが認められていましたが、青物市場掛の町年寄が町奉行所に呼びだされ、今後は冥加銀を差出すことを求められたのです。初年は銀二十枚、四年目から銀五枚ずつの上納することになりました。

その直後、天満青物市場問屋三十九軒が、西町奉行神谷清俊に「問屋株」の免許を出願します。この時は、初年銀三十枚、翌年から銀十五枚ずつ上納するという条件で、問屋株四十枚、仲買株二十枚を許可してほしいと出願します。すぐに青物仲買からも仲買株百五十枚にしてほしいと申し入れをします。

株仲間を認めるということは特権を付与するということですから、町奉行所からは冥加銀の増額を要求されます。問屋・仲買はやむなく初年から銀二十枚ずつの増額を承諾します。しかし町奉行所からは三度目、四度目の増額要求があり、結局初年銀四十枚、翌年から毎年二十枚で決着します。

翌年の明和九年（一七七二）、東町奉行所は問屋株、仲買株の免許を与えます。この当時は村々から出荷された青物類は問屋が引請け、仲買と市場でセリで商いをする仕来りでした。このことは西町奉行の報告で大坂城代久世《くぜ》広明《ひろあき》も追認しました。こうして、天満青物問屋株四十枚と仲買株百五十枚が認められ、問屋や仲買は大坂市中での青物商いの特権を手に入れました。

青物商と乾物商

『大阪府誌』第一巻（明治三十四年刊）には、問屋株四十枚のうち、《青物乾物兼用十八軒、乾物商二十二軒》と注記しています。このことは天満青物問屋には、蔬菜類と乾物類の両業種があったこと、生《なま》蔬菜よりも保存性が高く、長距離輸送にたえられる乾燥蔬菜（乾物）の方が多かったことを意味しています。

大正期以後の「天満市場史」関係書には、天満市場の青物商は蔬菜商人として説明されていますし、乾物商は株仲間成立以後に派生してきたように説明されています。この『大阪府誌』の説明によると、青物と乾物の兼業が十八軒、乾物専門が二十二軒になります。このことは、近世中期までの日本人の食物は、植物性も水産物系もともに、塩蔵系や乾燥系のものが大半で、蔬菜でいえば乾燥させる以外に保存の方法がなかったことを意味しています。

一方、それ以前の調査、明治十三年の大阪商工会議所の「大阪問屋提率表」には、乾物問屋が大坂で開業したのは宝暦《ほうれき》元年（一七五一）としています。先の株仲間の青物・乾物商の割合を見ると、宝暦元年開業というのは、この時期に青物商仲間から乾物商仲間に、専業化していったと思えます。別の史料では、享保《きょうほう》年間（一七一六～三六）に乾物商が仲間を結成したとしています。その前の貞享《じょうきょう》・元禄年間（一六八四～一七〇四）の頃が、大坂乾物商創業の年とされています。

株仲間が大坂市中で青物・乾物商いの特権を確保するまで、青物商いが市中各所で行われていました。株仲間の免許は、これらからの問屋・仲買の権益防衛の一面もありました。しかし、大坂が全国の商工業の中心になり、米相場や金融の中心地になるにしたがって富が集積し、食文化が発達するにつれ、食材としての蔬菜、果物、川魚、生魚、塩干魚も全国から舟運によって大量に運び込まれるようになりました。明和から安永《あんえい》年間（一七六四～八一）にかけては、幕府の財政が逼迫していたため、これら大量の商品流通に目をつけた幕府が、税である冥加銀を得ること、そして管理統制を強めるために株仲間を免許したともいえます。

この株仲間制度が天満青物市場に適用されるとともに、この時期から天満青物市場の商いに「セリ」による値段の決定方法が導入されるようになりました。蔬菜や果物にもセリ商いが導入されていたのは、大坂だけでした。

天満青物市場への集荷と範囲

『摂津名所図会』（大坂部・四・上）（寛政十年＝一七九八）には、天満青物市場の紹介があります。それによれば江戸時代中期の大坂に出荷されてきた青物類には、次のような諸商品があります。

「天満《てんま》菜蔬市《あおものいち》（市場は天神橋北爪上手より竜田町まで浜側通三町ばかりの間なり。天神橋より下手は市場にあらず。市の側といふなり。世人、天神橋より下手を西市場、上手を東市場といふは謬なり。東西の市場、天神橋より上手竜田町までの中にての通称なり。問屋四十軒、中買（ママ）百五十軒といふ）この市場は、日々朝毎に多く人聚《あつま》りて、菜蔬を買《あきな》ふ。そもそも、春の春日野の若菜より賣初め、鶯菜《うぐいすな》・礒菜《いそな》・嫁菜《よめな》・杉菜・芥子若葉《けしわかば》・蕗姑根《ふきしゅうとね》・白草《しろくさ》・早蕨《さわらび》・天花菜《てんづくし》・獨活芽《うどめ》・濱防風《はまぼうふう》・枸杞《くこ》・五加木《うこぎ》・三葉《みつば》・芹《せり》・菠薐菜《ほうれんそう》は木津・難波の名産。天王寺蕪《てんのうじかぶら》・椋橋莱菔《くらはしだいこん》・海老江冬瓜《えびえかもうり》・勝間浦の海藻・住吉の神馬艸《じんばそう》・姫松《ひめまつ》の麦蕈《しょうろ》・濱村瓠蓄《はまむらかんぴょう》は夜小歌節《こうたぶし》にて批《む》くとかや。伏見孟宗笋《もうそうそう》・壬生菜《みぶな》・白慈姑《しろくわい》・白芋《しろいも》は京より下る。宇陀《うだ》の薯蕷《しょよ》・河内蓮根・昆陽池《こや》の蓴《ぬなは》。茸市《たけいち》・栗市《くりいち》は、九月重陽《ちょうよう》の前二、三夜は、松明挑灯《たいまつちょうちん》を多く照らして夜の市めざしましけれ。また時雨月上旬には、紀の海士《あま》・有田の両郡より蜜柑数百万積来り、師走二十四日まで大市あり。元この市場は往古京橋南爪に於いて年久しくありしが、慶安の頃、その所官家の御用地になりて京橋片原町へ引移す商人の往来に煩ありとて、替地を免許ありて、今の所へ引移りて、日々店々飾り、ゆききも労がはじきほど市人立ちふさがり、かふ人あり、沽《うる》人あり、にぎはしき事は常にたゆむ事なし。清少納言の『枕草紙』には、市は辰の市・椿市《つばいち》・おふさの市・しかまの市・あすかのいちまで書きたまひぬれども、此の市を書遺されし事は大いなる憾《うらみ》ならずや」

寛政十年頃の食用の蔬菜や果物を列記しています。すでに名前だけになってしまった蔬菜や果物もありますが、大坂町人たちの好みのものがだいたい理解できます。

江戸時代の運搬手段は、舟・馬・牛・荷車・駕篭や人間の肩によるものでした。とくに遠くから多くの量を運べたのは舟運や廻船でした。大坂は近世の初期から市中に堀川を巡らしてあり、また京の歴史が永かったこともあって、日本海から山越えし、琵琶湖、淀川を通じて運ばれたり、大和川の舟運で大和の荷物が運ばれていました。そのため、小廻賃《こまわしちん》（舟賃）を巡って問題がおきてきました。

天満青物市場が大坂町奉行所に提出した書類が『青物市場舊記』にあります。寛政十一年（一七九九）の記述「淀川筋下り荷物の小廻賃」です。産出国と商品名だけを出してみました。ふりがなはそのままにしてあります。

近江・多賀	釣枝柿、牛蒡《ごぼう》、芽獨活《めうど》、山獨活《やまうど》、御所柿、梨子、漬松茸、生蕪《なまかぶ》
京口	里芋、慈姑《くわい》、根芋、水菜、長蕷《ながいも》
淀伏見出・伊賀口	薯蕷《じねんじょ》
〃　山崎口	牛蒡、里芋、山蕨《わさび》、笋、道灘《みちなだ》
淀伏見出	さつま薯、松蕈、番椒《とうがらし》、庶梨《ありのみ》、紀州口蜜柑
山城	柿、柑子《こうじ》、梨子、松蕈《まつたけ》、棗《なつめ》、蕗根、牛蒡
下山城	牛蒡
山城	里芋、薩摩薯　欒《むくろじ》
伏見	生大根、蓮根
田山　石打	松蕈、枯露柿《ころがき》、渋柿
交野口	薩摩薯
淀・下津・神ノ木	松蕈

前島　松蕈
三島・唐崎出　栗、獨活、菓物類、其外諸品、北山口柿、牛蒡　滴露子《ちょろぎ》、苧柄
神崎川・広芝出　菓物類、其外諸品、笹ノ葉
大和川筋河州喜志出　河州石川口　里芋、餅米、大和牛蒡、薯蕷
美濃　細干大根、千切干、梨
尾張名古屋　獨活
丹波　栗、酸漿《ほうづき》、梨子、御所柿
伊勢　若布、干瓢
道灘　西瓜、里芋
地名無し　茄子、越瓜《しろうり》、胡瓜《きゅうり》、梅、梅干、煮梅、李《からもも》、柚《ゆ》、何首烏《かしゅう》芋、竹箒、林檎、菱、錦根《きんかん》、百合根、海素麺《うみそうめん》、干藻《かんてん》、辛子《からし》、胡麻、蓮葉、あき籠類、呼掛乗柑類・菓物類・獨活・其外諸品并
其外村々屎船ニ而乗来分諸品

これをみると摂津、河内、山城、大和、近江の近隣諸国だけでなく、美濃（岐阜県）、尾張（愛知県）、伊勢（三重県）からも、天満青物市場に入荷しています。では、その運搬方法はどのようなものだったのでしょうか。青物の集荷範囲と運搬手段として考えられるのは、舟で運ぶか、馬か牛の背に載せるか、または曳かせた荷車に積むか、籠に入れて背負うか天秤棒でかつぐ方法しかなかった、と考えられます。

三　需要の拡大で利害が複雑に

屎尿《しにょう》の肥物《こえもの》への利用

天正十一年（一五八三）に豊臣秀吉が大坂城の築城を開始し、ついで町づくりに取りかかって本願寺数万人の町から、大坂は一挙に三十万人という日本最大の都市になります。大坂三郷の人口は、この時から明治元年（一八六八）まで、四十二万人から三十万人台を上下しています。この膨大な人口の排出する屎尿の処理は、大坂町奉行の重要な公衆衛生対策のひとつでした。これらの屎尿が、近郊農村の肥物として売られはじめたのは、大坂冬・夏の陣後の復興期からでした。寛永《かんえい》元年（一六二四）には、周辺の農民が「大坂買屎《かいごえ》」として三郷に買い求めにきており、寛永六年（一六二九）の西成郡江口村（大阪市東淀川区）には京・伏見からの買屎とともに、大坂三郷からも来ていたと史料（江口乃里文書）にあります。

近郊・近国から人々が集まり始めると、当然のことながら蔬菜類を求めるようになります。大坂三郷周辺部では蔬菜の栽培も始まります。すると種屋と肥物（肥料）屋も出てきます。この時点の種屋のことはよくわかっていませんが、肥物屋は近世大坂が成立する前後からすでに誕生していました。天満郷（天満天神社の周辺）に生魚、塩魚、干鰯《ほしか》、肥物などの商人が群居して商いをしていたと、『大阪肥物商組合沿革史』（明治三十四年編）は述べています。

豊臣秀吉の時代になって、大坂が大都市になるにつれこれらの商人たちは、西船場・靫《うつぼ》の島に移住し、町づくりを始めました。ここが幕府から「永代諸魚干鰯市場揚場」として公認されます。はじめは四国、九州、壱岐《いき》、対馬《つしま》の西国物が、そのうち北国物（石見《いわみ》、出雲、因幡《いなば》、伯耆《ほうき》、越中、越後、佐渡、出羽、奥州）、関東物（安房《あわ》、上総《かづさ》、下総《しもうさ》、常陸《ひたち》）などの干鰯や鰊《にしん》の〆粕《しめかす》などの肥物が運ばれてきました。これらの肥物は近郊農村のほか、周辺諸国に運ばれました。乾燥蔬菜や果物を運んできた船が、地元で使う肥物を積んで帰るのです。

　こうして蔬菜用と果物用、菜種用、米麦用にそれぞれ肥物が選別されて農村に運ばれて行きます。蔬菜栽培には人糞が最も良く、人糞でも下肥と屎尿の違いがあり、特に屎尿のほうを使用したと記録されています。

　江戸時代の大坂近郊農村の多くは入会地や採草地を持たなかったので、町方の屎尿を肥物として購入する必要がありました。大坂市中の廃棄物としての屎尿は、農村では肥料として重視されますが、町方と在方（農村）では屎尿についての考え方には違いがありました。町方では下屎を「シタクソ」といい、在方では「シモゴエ」といったように、下屎を運ぶ屎船も、町方では「クソブネ」、在方では「コエブネ」と呼んでいました。江戸時代中期以後になると、換金用の蔬菜や果物の拡大発展や干鰯・油粕などの金肥《きんぴ》の値段の高騰で、屎尿問題が重要になり、商いを巡って町方と在方の間で、紛争が絶えず起っています。

　江戸時代になって大坂三郷を取巻く周辺農村は、青物作地帯になりました。河内国の生駒山麓から和泉にかけての綿作地帯では干鰯を利用し、淀川を西に越えた摂津平野の北側は米・菜種作

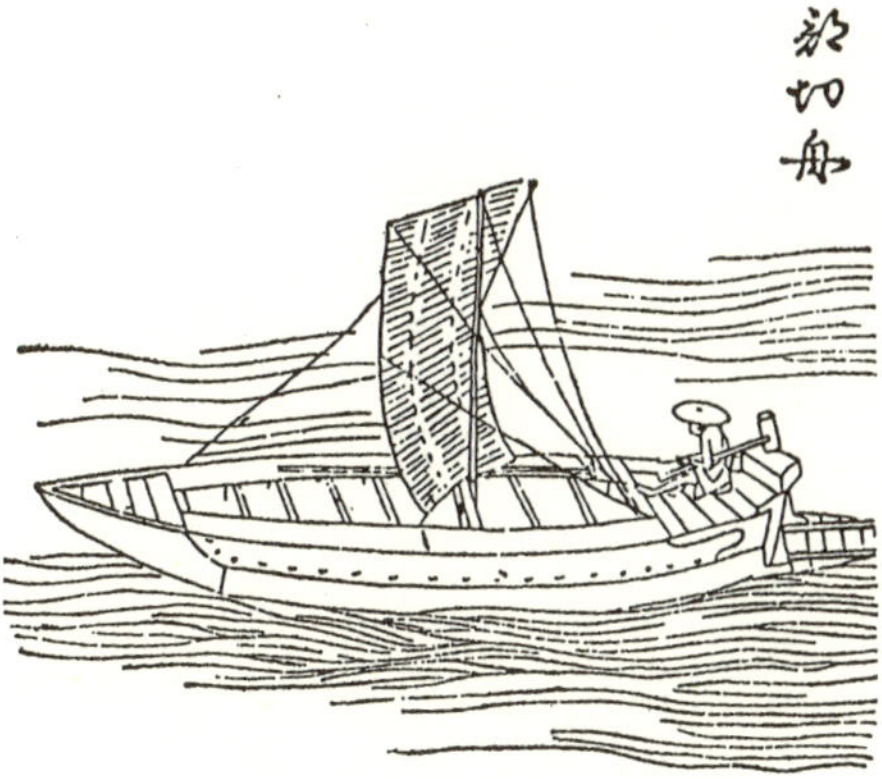

屎尿船（『和漢船用集』）

地帯で、屎尿と干鰯を使っていましたが、干鰯や粕類の値段が高騰するようになってくると、とくに青物栽培には屎尿が重宝されるようになります。元文《げんぶん》五年（一七四〇）以後には干鰯が高騰し、永代濱の干鰯仲間と在方との紛争が激しくなります。屎尿肥物も同様に抗争が激化するようになります。

文化四年（一八〇七）の西成郡難波村（大阪市中央区・浪速区）の『藍作并諸青物作入肥し勘定帳』は、難波村の農耕肥物の明細を述べています。

これには大坂の屎尿肥物による藍作と青物作栽培の有利さと、青物作への小便肥物の使用の有利さを示しています。一反歩当りの栽培費用では、小便代が藍作では三〇・九パーセント、青物作では三六・五パーセントを占め、尿代は高率になっています。両作のうち、大坂で直接汲取る小便代の方が安くつき、小便肥物を多く使う青物作の方が、銀百十匁ほど有利であったと記しています。

干鰯・粕類の値段の高騰は屎尿肥物の利用を増加させ、町方から在方へ屎尿を運搬する屎尿船の数も、近世中期以後には千艘を超えるようになりました。

蔬菜類や川魚類を輸送する手段も、大坂城の建築資材を運搬した時以来の造船技術の発達によって、河川舟運が発達し、海上輸送も活発化していきます。豊臣時代にはあらかた、大坂街中の掘割は工事が着手されていたか、開削されていましたが、徳川の世になっても大坂町人たちは自分たちの商いや生活のため、縦横無尽の堀割開削工事に資金を出しあって町づくりに精を出していました。

海上輸送されてきた荷物は、安治川口（大阪市西区本田町）と木津川口（大阪市大正区三軒家）の川口船番所で、上荷舟、茶舟、瀬取舟に積替え（瀬取るともいう）、掘割を通じて問屋の蔵の裏口まで運ばれます。これが輸送手段の主な方法であり、その他、大和川を溯る柏原舟が大和の国境の亀瀬《かめのせ》（柏原市国分峠・奈良県王子町）の関所まで行きました。淀川では大坂三郷から三十石船、上荷船、茶船で京の伏見まで運ばれます。しかし、屎尿船はこれら官許の船と違い、運行は自由でした。

江戸時代初期には町方と在方の農民との直商いで、農民自身の汲取に任されていました。農民は町方に直接金で支払うこともありましたが、多くは自作の青物類を代償として支払いました。さきの江口村の史料によると、寛永六年（一六二九）の「大坂買屎」には三桶を一荷として二十五文、総計二十荷で五百文を支払っています。また小便の汲取についても摂津・河内両国の農民

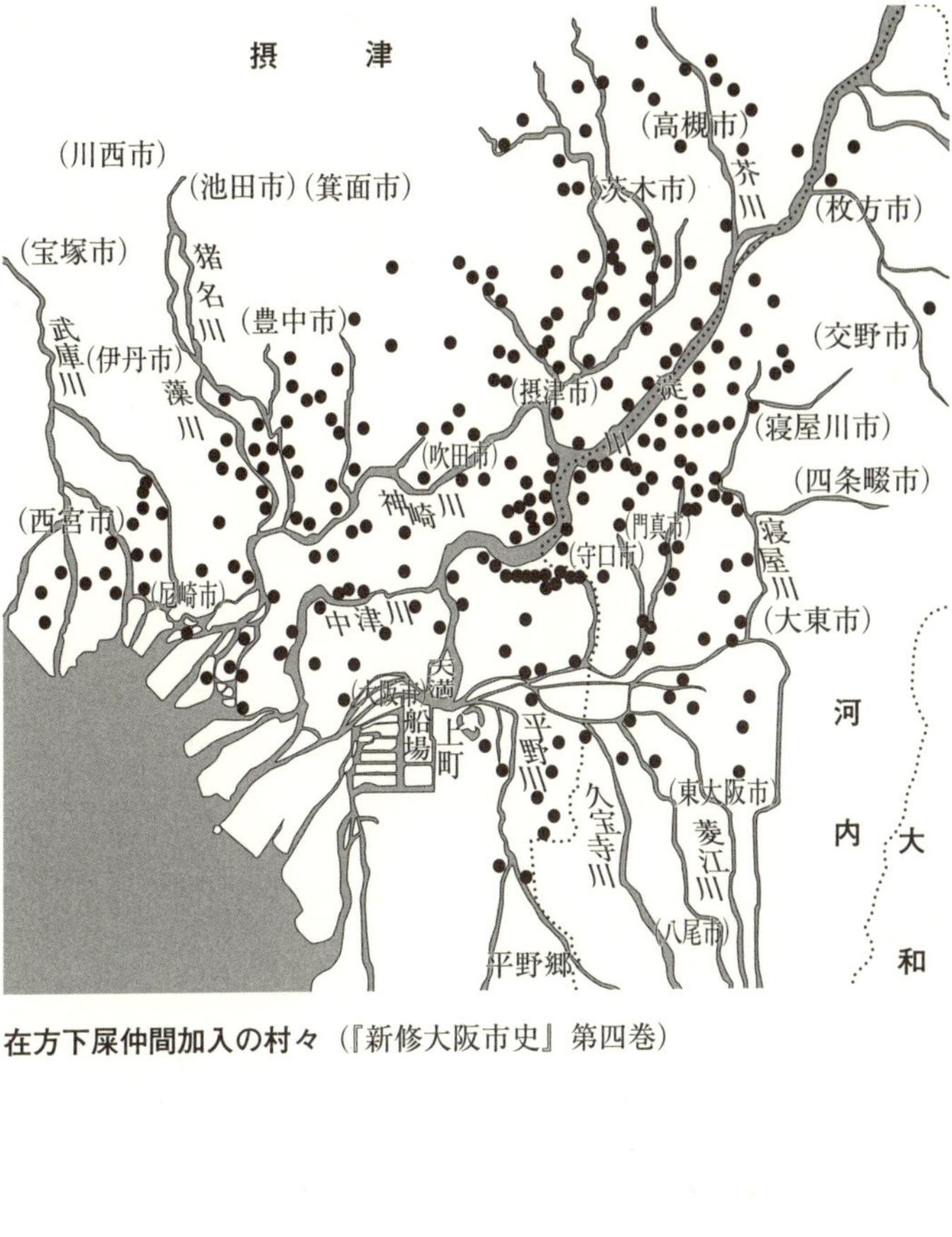

在方下屎仲間加入の村々（『新修大阪市史』第四巻）

が菜っ葉類や大根と引替えていました。

明暦《めいれき》・万治《まんじ》期（一六五五〜六一）には、それまでの直商いから汲取を専業とする「急掃除人」（下屎仲買）が現れ、町方に滞留しては困る下屎の急場の要求に応じるようになりました。町方人口が増えるとともに、下屎肥物の需要が増加すると、仲間を結成して市内に会所（事務所）をおき、町方の下屎処理（急掃除人）を一手に引請け、農民に売却する仲買人の役割を果たします。この時期には急掃除人が百二十六人になりました。

また、小便は近世前期から在方と町方との直商いの残り分を買請けて村々に売渡す業者が町方に二十九人、在方に十六人おり、「小便仲間」（非公認）をつくり、尿の回収処理と農民への売却を行っていました。

江戸時代中期になると直商いより、急掃除人仲間と小便仲間が町方の屎尿処理に当たることが多くなっています。町方の屎尿仲間が下屎と小便に重複しなかったのは、尿の処理が比較的容易であったことと、屎尿を肥物として利用する村々も、小便肥物は必要であっても下屎肥物は必要としない村もあり、また逆の場合もあって、下屎と小便を使用する作物に違いがあったからです。

元禄七年（一六九四）の記録では、急掃除人仲間百二十六人のうち、十一人が止め、実数は百十五人になりました。正徳《しょうとく》三年（一七一三）までに新掃除人仲間百三十人ができて総人数は二百四十五人になります。大坂の人口増加に早急に対応する必要があったからです。屎尿の処理と売却方法が直商いから仲間による汲取に変り、屎尿肥物の重要性が増えてくると、急掃除人・小便仲間と農民との間に、屎尿代銀をめぐって抗争がおきるようになりますが、ここでは省略します。

蔬菜栽培に欠かせない種

人々の生活に欠かせない蔬菜の栽培には、種子の採種が不可欠です。古代からなんらかの形で種子が採種され、それを商うものがいたことは確かですが、史料がなくてよくわかりません。

江戸時代になると大坂、京の町に供給する蔬菜、果物が増えてきます。この時期にはすでに京の伝統的な蔬菜や果物は商品として成熟していました。京料理を代表するものに宮廷の有職《ゆうそく》料理、茶道の懐石料理、寺院の精進料理があります。これらの京料理で調理される京野菜が、季節感を添えて提供されました。この伝統的育種栽培技法が、江戸時代に入ると大坂にも持ち込まれます。京野菜の伝統的な栽培技術と育成されてきた種苗が、長い年月受け継がれてきました。江戸時代の中頃までは、「種屋」というものが存在していたかどうかわかりませんが、篤農家たちの指導で京野菜の種の保存や育種技術が伝承されてきました。

信濃《しなの》国・諏訪《すわ》の代官の史料に、島田屋という種屋の先祖が種の仕入を代官所に届け出た書付に「諏訪から馬十二、三頭曳いて種を仕入、帰るときに『萬種物』という旗を立て、種を卸しながら帰った」（寛永二十年＝一六四三＝）と、記録されています。

摂津では島下郡佐保村（茨木市）の小西篤好《あつよし》が文政十一年（一八二八）に刊行した『農業餘話』に、陰陽五行説と草木雌雄説の考えに基づく理論で、ゴボウの項に「種子を採るためには良い根を付けた株を選び、山の陰や木陰の日の当たらない場所で、土壌のやせているところに移植して成熟したら、莢《さや》のままで貯蔵すると古種子になって発芽率の良いこと、さらに水に沈んだ種が良い」と、書いています。

堀江・難波・木津村など各地に青物市

大坂の南西にあたる堀江地域三十三ヵ村（大阪市西区堀江周辺）は、元禄十一年（一六九八）に河村瑞賢が堀川を開削し、翌年五月に完成します。その堀江新地の繁栄のため、大坂町奉行は青物市をはじめ髪結床・芝居茶屋・風呂屋・煮売屋・道者宿などを許可しました。元禄十六年に御池通一丁目に青物市を、宝永《ほうえい》三年（一七〇六）に南堀江四丁目に生魚市を開きました。この生魚市は近くの雑喉場生魚市場の反対で開業してまもなく閉鎖しますが、青物市の方は、明治になっても続いています。

難波村青物立売の出現

大坂三郷の南部に畑場八ヵ村があり、大和川以北の大坂市街南部地域で畑作をしている村のことで、西高津村、天王寺村、難波村、木津村、今宮村、津守村、勝間村、粉浜村をさします。青物類がさかんに作られた代表的地域です。

市街が南部、西部に発展すると、需要に応じた青物類が栽培されました。これが〝なにわ蔬菜〟の始まりです。市街が拡張するにつれ、南西部から北部にある天満青物市場まで東横堀川や西横堀川を通って舟運で輸送するよりも、島之内や道頓堀周辺の繁華街に売りさばくほうが有利で自然でした。運賃と時間の無駄でした。こうして元禄期の大坂商いの発展による南地や新町の繁昌が、食材としての青物需要を呼びました。大坂の蔬菜産物として、天王寺蕪、木津瓜、難波干瓢、今宮千成瓢箪、古妻《こつま》（勝間）木綿、遠里小野油が俳諧書『毛吹草』（一六四五年刊）に紹介されています。

寛永年間（一六二四〜四四）に、摂津国西成郡難波村の農民たちが、道頓堀九左衛門橋畔で青物の立売をします。正徳四年（一七一四）には難波村の農民が、青物類の百姓市の公認を出願します。翌年、道頓堀久左衛門町から堀川屋敷にかけて「難波村から菜類や大根を持ち出して町内の門先で商いをするので迷惑をしている」と訴えがありました。

この百姓市は、農耕する人が自分のつくった農作物を、町の人たちに直接売るものです。大坂では魚や蔬菜の担ぎ売りを〝笊《ざる》〟売りといい、問屋での売り方は〝市立て〟〝市をふる〟といって糴《てき》（買い入れる）・糶《ちょう》（出荷する）＝どちらもセリです＝で、公正な値段を決めています。

株仲間が成立して間もない天明三年（一七八三）七月、大坂三郷をとりまく近郊の農村十六ヵ村と別の八ヵ村から青物立売場を天満市場内に設置するように要請がありました。株仲間が成立しても天満以外で青物市を企てるもの、天満市場の周辺で立売商いをするもの、天満橋や天神橋の橋上で青物商いをするものが跡を絶ちませんでした。これは青物を栽培する農民の間に青物商人（小売商）に直接売る希望が強かったこと、また大坂の商業が発展して全国の中央市場となり、それだけ大量の需要があったことを意味しています。天満青物問屋・仲買はやむなく天満市場内に立売場を承認します。

寛政十年（一七九八）十一月、代官篠山十兵衛の支配地二十六ヵ村が、「青物売場所」を天満青物市場の東手に開設したいと願い出ました。何回かの交渉の結果、翌年正月になって市場側が譲歩して、四十間の立売場を承認しました。

生玉《いくたま》領の青物立売

正徳年間（一七一一～一六）以来、青物立売は何度となく行われましたが、そのつど天満青物市場から抗議があり、町奉行から停止させられました。しかし享保六年（一七二一）には、生玉（生国魂神社）領の難波村の字東村の萬屋善四郎・中門徳兵衛の二人が市立をはじめます。毎朝役人が道頓堀の北側から入ってきて追っ払いますが、止められません。この時に市立したものは青物九品目以上でした。「菜・人参・西瓜・カモ瓜（冬瓜の古名）・大根・白瓜・葱・茄子・刈葱《かりぎ》」などで、そのほかいろいろありました。

享保八年十一月二十五日、村内の四人が場所をこしらえて、場銭（場所代）を取って商いをします。そのため堀江青物市の者たちには青物の入荷が少なくなり、大変困ってしまいます。難波村関係者と堀江青物市の者たちが協議した結果、代官所から「とにかく場所をこしらえずに行合《ゆきあ》いで売るべし」ということになりました。

享保十年、大坂町奉行所に道頓堀裏へ難波村農民が、生玉領の青物立売場と同様の青物挨拶場を設けたいと出願します。ところが町奉行所は生玉領の立売場を撤去させます。六年のちの享保十七年六月七日、難波村中の惣名代の農民治右衛門が、村内畑中の二ヵ所に許可されていた青物挨拶場が中断しているので、「先年通り仮小屋をこしらえて青物の挨拶場を再興したい」と、町奉行に願い出て、翌年難波村北出口で青物売場を始めます。

寛延《かんえい》二年（一七四九）と四年の二回にわたり、難波村庄屋・年寄が、千日前法善寺門前で木津村・今宮村のものが毎朝大勢で青物市を開いているので、差留と青物市を禁止するように代官に要請します。宝暦三年（一七五三）、難波村庄屋が青物市の差留を願い出て、ついに止められます。

このように青物市の市立て場所を転々と移動しながら、市立商いは絶えず行われました。近くに需要がありながら、遠い天満青物市場まで産物を運ぶ経費・時間などが大坂南部の農民たちにとって、苦痛以外の何物でもなかったからです。

五十年のちの文化二年（一八〇五）、天満青物市場問屋・仲買の出願で、難波村農民の青物の直売買を禁止するようになり、翌年町奉行は難波村で青物を立売した難波村・木津村・今宮村三カ村の農民の中心人物四人を〝所払い〟、残りの二十七人には過料（罰金）銭五貫文を課して処罰します。

文化六年、難波村農民の青物立売十三品について、ようやく天満青物市場との交渉がまとまります。この十三品は、「大根・菜類・茄子・ねぶか（根深葱）・にんじん・冬瓜・白瓜・なんきん（カボチャ）・西瓜・牛蒡・わけぎ・芋類・蕪」です。

こうして永年の願いであった難波村の青物立売は解決します。翌年、木津村からも村民自作の青物を立売したいと、天満青物市場に申出て、難波村と同様の条件で承諾されます。

文化七年、天満青物市場側から難波村民の契約違反を訴え、十三品端荷の立売禁止の願いが出ます。翌年になって、難波村の農民と青物渡世《とせい》の者（青物商いを仕事にしている人たち）一同連印の一札を差し出し、天満青物市場側は前年八月の訴状を撤回しました。こうして明治維新までは、共存関係が維持されました。

これが代官所、町奉行所、天満青物市場、難波村、木津村をめぐる争論の経過ですが、裏では代官篠山十兵衛の努力なしでは解決出来なかったことも多かったのです。篠山十兵衛の理解と努力で、難波村・木津村・今宮村の青物立売が承認されたことが、明治以降の木津・難波魚青物市場への発展につながっていきます。こうした功績を顕彰するため、地元の難波八坂神社（大阪市浪速区）の摂社として、明治十三年（一八八〇）に「篠山神社」が創建され、毎年篠山祭が行われています。

四　幕末の天満青物市場と青果物の取引

天保の改革と青物市場

天保の飢饉（一八三三〜三六年）を直接のきっかけとして領主財政が行き詰るようになり、農村は荒廃し、農民一揆が各地で起り、その上外国船が来航して、領主支配の根底を揺るがす内憂外患に迫られます。為政者は体制維持のため、政策転換を余儀なくされました。

この天保の飢饉をきっかけに、天満青物市場の近くにある天満与力町で蜂起した大塩平八郎が、天保八年（一八三七）、門下の与力や同心や豪農とともに、多数の農民たちの支援で兵を挙げました。この時の火災で天満青物市場一帯は焼失しますが、天満青物市場の仲間たちや大坂の町民たちは、誰も文句はいわず逆に大塩たちを支持しました。しかし、町奉行所あげての応戦で蜂起は失敗し、大塩は約四十日間市中に潜伏していましたが、靫《うつぼ》の町で発見され自刃しました。この大塩の乱では、大坂の町民たちの大部分は幕府役人の施政のやり方や腐敗した権力に疑問をもち、大塩側を支持、支援していました。

天保十二年（一八四二）、老中水野忠邦の主導で、物価引下げを目的とした問屋株仲間の解散令、大坂町民への御用金の賦課、幕領農村の刷新を図るための御料所の改革などの「天保の改革」が実施されました。株仲間は独占的営業をほしいままにしているから、株仲間を廃止すれば必ず諸物価は下落するとの判断で、株仲間を廃止するとともに、冥加銀の上納を止め、組合仲間を解き、株鑑札を廃止し、全国で商人の自由営業を認め、素人直売買を許すと諸物価が下落するはず、という思惑でした。

天満青物市場では、仲間組合や株鑑札を止むなく廃止させられて取引は自由になりました。そのため問屋、仲買、小売の区別がなくなり、自由に産地荷主と直接取引ができるようになりました。その結果、今迄の比較的秩序整然としていた商いの規律や秩序がまったく壊れてしまいます。諸物価は依然として低落せず、奸商《かんしょう》（不正な手段で利益をむさぼる商人）は限りなく輩出し、荷主に対する仕切は渋滞し、あるいは不熟の果物、腐敗に近い蔬菜・果物を販売したり、不正の量衡《はかり》を使って町民を欺き、弊害は独り天満青物市場だけでなく、株仲間を組んでいた大坂の各種の仲間組合はみな同じような轍を踏み辛膽《しんたん》を嘗《な》めるような状態になりました。天満青物市場では、問屋、仲買は、この状態から抜け出すために、明和九年（一七七二）株仲間が許可された時に取り決めた「申合式法」を復活させて、同業者の取締を厳しくすることにしました。しかし、市場の評判は地に落ち、「紊乱の波濤は滔々として襲い来り同業中、利慾に幻惑する者次第に輩出し、セリ売は強売となって値段の公正を失い、倒産するもの相次いで出て、翌十三年六月には僅かに問屋二十軒、仲買人八十軒に減少し、市場の荒涼を極めたること、恐らくこの時代より甚だしきはない」と『天満市場誌』は嘆いています。

　この年の五月十二日には、水野忠邦は「町人は綿服たるべし、女でも絹紬に限るべし、紗綾繻《さやしゅ》子《す》縮緬の類は着用相成らず、金銀の笄《こうがい》類はおよそ女の頭の飾に金銀を用いること相成らず、野菜魚鳥類の食物には各々其季節を定め、季節外れの初物は一切売買相成らず」と禁止します。その上、野菜の栽培技術にまで口出ししました。

　天保十三年五月十二日の触に「胡瓜、茄子、菜豆、紅豆の類其他萌《もや》し物と称し、雨障子を掛け、芥《あくた》にて仕立或は室《むろ》の中に炭團《たどん》火を用いて養い年中時候外れに売出すのは、奢侈を導く基にて売出した者共も不埒《ふらち》に至り、以来萌し物、初物と唱え野菜類は決して作出してはならない」と述べています。面白いのは「萌し物」とか雨障子を掛けて炭團火で温室のようにする促成野菜が考えられていたことです。

　この時に天満青物市場では同年五月二十七日に「野菜類の販売時期の覚書」を取決め町奉行所に願い出て許可になります。

「獨活　　当所五里四方より十月頃より出、伏見（京）辺よりは三月より

木瓜　　　　　　二月より近在よりは四月より沢山出る
さや豆　　　　　紀州よりは早春より出る、地廻りは四月より沢山出る
茗荷の子　　　　五月より
冬瓜　　　　　　六月より
西瓜　　　　　　六月より
さつま芋　　　　右同様
若蓮根　　　　　六月より翌年六月まで追々出る
里芋　　　　　　六月より
頭いも　　　　　右同様
刀豆　　　　　　六月より
長いも・山の芋・百合根　六月より翌年六月まで
わさび・せうが　年中
栗　　　　　　　八月より
慈姑　　　　　　七月より
牛蒡・大根　年中」

五月二十九日に提出した「覚書」では次のような願出をしています。

「防風　　　　　二月より
たで　　　　　　三月より

根いも　三月より
なすび　五月より
さゝげ但平豆　五月より
つくづくし　二月より
わらび　三月より
竹の子　四月より
猛宗　三月より
白瓜　五月より
真瓜　六月より
めうど　六月より
〆右は当年分
真桑瓜
なんきん　土用より
とうがらし
西瓜
さつまいも　六月十五日
小いも
〆来年の分

冬瓜
なんきん　以上は六月より
西瓜
とうがらし
小いも」

天保十四年に江戸、大坂周辺の私領地を幕領に編入する上知令《あげちれい》を発しましたが、関係大名の反対で失敗し、この年七月水野は失脚、改革は中途で頓挫してしまいます。

この天保の改革に関するものの中に、季節外に蔬菜の栽培や鳥類の飼養を禁止します。また市場内で取引の際の符帳（牒）のやりとりも禁止されます。これはセリ取引をする際、それぞれの業種によって、独自の符帳を考案し、同業者間で値段を決める際に活用していました。この符帳取引は外部の者からみれば何のことかさっぱり解りませんが、同業者間にとってはこれ程てっとり早く便利なものはありません。符帳というものは、日本だけでなくアジアやヨーロッパにも、それぞれ独自の方法で考案されていました。しかし、幕府役人にとっては、これ程うさん臭さを感じるものはありません。いつの時代でも改革が始まると「符帳」が問題になりますが、符帳を廃止したからといって構造的な改革にはつながりません。これは洋の東西を問わず、今までに明らかにされてきました。

株仲間の再興

水野忠邦の後をついだ阿部正弘は嘉永《かえい》四年（一八五一）三月、問屋組合の再興を許可します。江戸では三月九日、大坂では三月二十一日でした。

天満青物市場では、早速「問屋仲間名前帳」に五十軒の問屋が連印して町奉行所に出願しています。問屋組合の再興が認められ、商勢はやや挽回するようになりましたが、数年来からの悪習は簡単には一掃されるものではなく、商品は各地に分散し、直売買が持続しており、市場外で市場と同様の商いをするものもあり、町奉行所にその取締を請願します。町奉行所ではその者を召喚し、不法を説諭して、いずれも天満青物市場の問屋か仲買に強制加入させています。この点が株仲間廃止以前との大きな違いです。

市中にある船宿や商人たちに株仲間停止中の悪弊があり、青物類を八百屋小売店に直売りしたり、あるいは荷主を在所の出口で出迎えて荷物を買取り、天満青物市場の門先、濱先で売捌くものが続出し、影響が大きくなったので、天満市場の仲間で申合せ町奉行所に取締を嘆願しました。翌年、大坂三郷と町続きの農村地帯に布達を出し「蔬菜類の直売買を堅く禁止」されます。

直売買の禁止は、それ以後も何回となく続きます。安政《あんせい》六年（一八五九）に入ってからも天満青物市場では諸国の在所から出廻る荷物輸送の中途で、直売買したり、勝手な所で市立同様の商いするものがあり、あるいは青物類を積んで来た船宿や淀川往来の船持中で荷主の依頼だと偽って、問屋と同様の商いをするものがいると町奉行所に訴えています。町奉行所では四月に直売買禁止の警告をだし、続いて慶応二年（一八六六）にも再度禁止をしています。これらの禁止を天満青物市場だけでなく、雑喉場の生魚問屋や、靫の三町塩魚干魚鰹節問屋、京橋・江戸堀下之鼻の川魚問屋らが連名で出願しています。

幕末になると、青物商いはこれらの市場外の業者が市内各地で続出しましたが、そのつど町奉行所に訴え、その排除に努力し、市場の繁栄に努力してきました。しかし、株仲間の廃止をきっかけに私利を図るものが後をたたず、明治維新まで混乱が長く続きました。

漬物商の出現

大坂での漬物商の誕生は、大坂の平野郷から田村喜右衛門という人が、天満に住んでこの業務を始めたといわれます（『大阪商業史資料』）。この店の文化・文政年間（一八〇四〜三〇）の漬物の銘柄には、「嬉シ野（カラシ紫蘇巻）、吉原梅（梅シソ巻）、ワカ緑（柚シソ巻）、山アワビ（コンニャク田夫）、駿河漬（茄子砂糖漬）、日扇漬（茄子カラシ漬）、日光漬（シソ巻）、金柑漬（砂糖煮）、祇園葛（刀豆ヲ刻ミタル砂糖漬）、小倉ワサビ（冬瓜ヲ糯米粉ニテ砂糖ネリ）、虎ノ尾巻（カラシ薄巻）、千枚漬（カブラ）、絲山吹（湯葉田夫）、サヘ柿（橙ノ皮ヲムキタル砂糖漬）、柚香保（柚ハカイガリ）」などがありましたが、その後も種類が漸次増加していきます。「仏手柑、松蕈《まつたけ》、筍《たけのこ》、枇杷《びわ》、瓢箪《ひょうたん》、胡瓜《きゅうり》、杏子《りんご》、辣韮《らっきょう》」等ありとあらゆる新規の漬物が出てきます。田村の播磨屋武右衛門が老舗を譲ったのが、天満市之側の上田武蔵商店です。

明治になって、大阪で漬物を商うのは二百三十軒あり、天満の上田武蔵商店、立売堀南通の竹原和兵衛商店、新町通二丁目の幾村幾三郎がその上位にあり、とくに幾村商店の店頭には「美麗結構な鏡台」が置いてあったので有名でした。

五　明治初期の天満青物市場

明治維新と天満青物市場

日本の歴史の節目の一つになった明治維新は、二百六十年の近世的な歩みから、近代へと大きな足跡を描いていきます。青物類の世界も同様で、西洋の新種の野菜類や果物類がヨーロッパやアメリカからもたらされてきます。

維新以後、準備を重ねてきた商業政策を実行に移す段階になってかつての町奉行所から大阪府になり、その大阪府が、青物問屋、仲買の古い記録や商業手続、市場規則、名簿等の提出を要求します。それを総区長が調査をして明治七年（一八七四）、「組合申合規則」が承認されます。株札にかわって商業鑑札が下付されます。

このようにしてようやく市場の規律は成立しましたが、市場の公益を念頭におかず、私利のために規律を紊《みだ》す奸商が後をたちません。しかしこれを禁止する制裁がなかったので、明治十二年（一八七九）に大阪府は府下各商に通達、商業者に取締人の選出を命じます。天満青物市場では今宮六兵衛・佐藤治兵衛・三島市兵衛の三人を投票の結果、取締に決定します。

この年、大阪商法会議所（商工会議所の前身）が設立されたので、この三人を議員に推薦します。大阪府は各商工業の商則取調方を委任し、市場問屋と仲買は仲間規則を設け、青物問屋商仲間規約、青物仲買商仲間規則を出願します。

このように二回にわたって市場規則を設けますが、株仲間時代と違い仲間規約が「繁雑浩瀚《こうかん》」に過ぎ、旧来の慣習と衝突するところも少なくなく、そのため管理難になり、自ら設けた規則を何回か検討しましたが、結局妥協して、さらに問屋、仲買、それに一般小売商の三商に納得のいく規則にするため、明治十六年になって、同業者千数百人が記名捺印し、三商の総代を選挙し、大阪商法会議所に提出して公儀にかけています。しかし府下の一般商業組合が全部規約を作成して提出したので商法会議所は混乱し、ついに公儀として検討することができませんでした。その後青物市場では復活の道を図っていましたが、端なくも青物市場の税金の分担方法で問屋と仲買との間で葛藤が生じ、もめている間に、近郊農村の蔬菜類は市場を通らずに到るところで販売され、市場への入荷は自然と数が減少するようになります。その回復策として、各地の荷主に対し資金を前貸して自然に入荷が潤沢になるように促しましたが、運輸が便利になるにつれ、荷主はこれを利用して有利な地に向ける傾向が生じるようになり、衰退の傾向は容易に回復しません。明治二十一年になって初めて従来の規則を全廃し、新たに「青物市場申合規約」を作成します。この新規約では、青物市場内で商いをするものは問屋、仲買をとわず、営業者一人とみなし、等級にしたがって市場税を徴収し、取締人から上納しました。一方では、各地に点在する蔬菜、果物を引受け、市立《いちたて》または値組《ねぐみ》（相対取引）で仕入れ、市場内で取引しています。商人一同から議員と取締人を選挙しました。こうして各地の荷主から信認を得て、入荷も潤沢になり、市場の繁盛が図れるようになりました。

入荷は次第に増加して沖縄の筍、枇杷、期瓜、長州の夏蜜柑、徳島の鳴戸蜜柑、静岡の山葵、三河の生姜、甲斐の葡萄、東京の梨子、北海道の玉葱、唐林檎その他各地に産出する奇果、珍蔬も市場でみることができるようになりました。入荷が盛大になると、中国筋、四国筋、九州、加賀、越前、越中、越後から北海道にも及び、さらには海外諸国に輸出するようにもなりました。

こうした中で、弊害も生じてきます。株仲間廃止後、役所制定の規則がないのをよいことにして、近郊農村の農民たちは再び自作の蔬菜を市場付近で小売商人に直売りして、ほとんど市場同様の商いをし、市場の業者も私利のためにこれと結託するものもあり、自然と市場申合規約を無視し、ついに市場税を滞納するようになり、市場内で営業していても脱税するものも出てきます。この弊害を是正するため、明治二十六年天満青物市場仲間規則というものを起草し、理由書をつけて大阪府の認可を出願しました。

大阪府知事は早速認可を与えて、市場税と市税区費営業割の負担を決めました。この負担割合は一年間の売上高を標準に徴収することになりました。

明治期の肥物

大阪府下の農家が利用していた肥物類は「鯡粕《にしんかす》、干鰯、羽鰊、菜種粕、綿実油粕、支那種粉、支那大豆粕、清国産菜種藁付粕、糞尿」(『大阪府誌』)でした。その他の肥物も使用しましたが、それはごくわずかでした。

農家が肥物を購入するときには、大口の農家は直接、その他は一村ごとか数十人の農家がまとまって、大阪市内の肥物商人から購入しました。購入金額の少ない農家は、肥物仲買の持参した見本の中から選んで、購入数量を契約します。肥物仲買は契約分をまとめて、肥物問屋へ発注します。問屋から荷受したら各農家に配達し、農家はこれを受け取ってから代価を払います。代金の支払方法には、肥物を受け取ったときに半額を払い残りは収穫したあとに精算する、「延買《のべがい》」といって総額の一割か二割を払って残りを収穫後に払う。また収穫してから全部を払う、という三つがありました。

明治中期になると、他の物価の騰貴につれて肥物の値段も高騰しました。それに伴って、肥物に混ぜ物をして不良品を売りつける悪徳業者が目立つようになってきました。そのため政府は肥料取締法を制定し、各府県に肥料検査官を置き、厳しく取締まるようになりました。政府に先立って大阪では、肥物商仲間が独自に規約を設けて、検査を始めていました。

明治期の種屋

明治政府は農業にも「文明開化」的政策を導入し、東京の青山に官園を設けて、アメリカから入れた野菜類を栽培し、その適性を見るなどの研究を始めました。また内藤新宿には試験場を開設して、内外の穀菜・果樹の試作、繁殖、領布を始め、『舶来穀菜要覧』を出版するなど、明治二十年（一八八七）頃までは政府が直接農業事業を推進していました。

そしてこの時代に輸入・配布された有用な種苗は、各地の篤農家によって栽培され、次第に普及して行きました。当時は米麦を中心とした振興で、園芸関係への着手は遅れましたが、民間人たちの努力により野菜の促成、早熟など不時（旬以外の時期）栽培が発達していました。明治三十年頃には社会の急激な進展とともに、農村も変化し始め、米麦以外に換金作物として、野菜の導入が重視されていくようになって行きました。

明治末期になると京都の東寺、稲荷（伏見）、出町付近の種苗業者が集まって、情報交換や商品の融通などをしていました。

明治中期の天満青物市場

問屋と仲買は市場仲間と称し、市場に店舗をおいて、各地方及び近接農村から入荷する菜蔬《さいそ》・菓物を引受け、委託・市立・直組の三種類の売買方法で、同業者同士か一般商人と取引をします。荷主はその出荷物の値段を決めず、ただ荷物に送状をつけて船宿または荷捌という者の手をへて指名の問屋に送ります。また荷主自身が持込む商品は、直に信認した問屋に渡し、荷物の値段を決めず市場の相場に従い、問屋は直ちにこれに仕切書を発行します。また荷主が指値《さしね》（荷主の販売希望値段）をした荷物で不引合のものは一応照会の上で売捌き、または預りにすることもありました。

もっとも仕切込《こみ》といって、船夫が荷主に代り値段を決めることもありました。その仕切金は銀行為替または荷主の委託人に支払うこともあります。乾物類は蔬菜にくらべて保存にたえるのでその取引方法はそれほど厳格ではありませんが、ただ椎茸、干瓢、高野豆腐のような市場が重視しているもの十七品を除き、他はみな問屋や仲買の手をへず、荷主と小売商との間で取引することはできました。

問屋は「葡萄・蜜柑・若和布・片田布・獨活・山椒・いけ栗・山葵・駿河茄子・西条柿・酸妝・近江柿の十二種は直接小売商人に売渡さず、必ず仲買の手を通すこと。紀州蜜柑を地方に送るのは問屋の独占で、仲買はできない。近郊二十六ヵ村の農民の栽培する蔬菜は一般需要者に直接売ることはできない。ことに西瓜・梨子（山城・東京）・蜜柑（紀州）・百合根（備前・大和）・柿（山城・大和・広島祇園防）・大根（尾張）・獨活（摂津）の七品目は必ず問屋に持込むよう」にきめています。

ただ、難波村に限り文化年間（一八〇四～一八年）から問屋と妥協して「一荷に満たない端荷は、畑中で自由に売渡してもよい。これは〝百姓市〟というもので、その取扱品は大根・菜類・茄子・葱・人参・冬瓜・白瓜・南京・牛蒡・わけぎ・芋・蕪の十三種」でした。要するに、以前は市場に入荷した品物は問屋が荷主より買受けて仲買人に売渡し、仲買人は小売商人に売渡し、小売商人は一般需要者に売渡し、仲買人が荷主から、小売商は直接問屋と取引をしませんでした。しかし、この制度も頽れてきて、小売商が直接問屋から仕入れることも可能になりました。ただし量の問題もあります。

昔からの慣例であった問屋から荷主への「仕入金」といって前貸して、荷物到着の際に清算をすることも、かえってその貸渡される仕入金を自己の資本として産地で直売買をする結果になりました。

仲買も立市の際、日々問屋の卸売場から買入れた商品の種類、数量及び値段等を帳面に記入し、一節季、すなわち六十日以内に支払いました。小売商人との取引も同じでした。こうして仲買から問屋に支払う取引代金の期限が延滞した時は、雑喉場生魚市場と同様、問屋たちに注意をひくよう不払者の氏名を掲示板に掲げ、全部支払いが終わるまで問屋はこの商人と取引をしませんでした。

市場に入荷するすべての商品は、市立の際、雇人（問屋従業員）によって仲買人たちに品名を触れさせ、多数の人が集まれば、問屋は床几《しょうぎ》に上がり品物を箕《み》または筵《むしろ》に入れ、一同立合の上でセリ売し、同じ値段が突き合った時は、抽選で買主を決め、数多くのときは相互に分配して売捌いていました。

問屋の口銭は青物は七分（七パーセント）とし、乾物は五分としていましたが、明治中期には七分を一割に上げました。また仲間取引には歩引《ぶびき》といって金高の二・五パーセントを差引いて精算します。また荷主の委託品を値組（話合い）で正味取引（歩引きなし）にすることもありました。

市場仲間取引の支払計算は毎月一日と十六日の二回とし、市場仲間から地方の荷主と小売商人との支払は月末払及び節季払（六十日間）でした。

営業時間は、品物の都合により異なりますが、午前五時から午後五時までとし、「筍・揚梅・松茸」は午前四時前後から、「蜜柑・西瓜・梨子」は正午前後から、通常の品物は午前六時前後から市売をしています。一年のうち、一月一日と七月二十五日（天神祭）とは全く休市とし、年末は十二月二十八日限り、また古くは「洲止め」といって入荷がない時休市したこともありましたが、輸送機関が発達した明治三十年代にはこのことはありません。

市場内の品物の運搬は、昔から「小廻《こまわ》し」といって二十人を常雇にして、品物の運搬に従事しています。小廻の中から親父（指導者）を選挙し、これが主宰しています。しかし、小売商人が買受けて市場外に搬出する品物は、俗にいう「辻仲仕」が運送していました。市場の取引が終了すると、道路、濱地、築洲等に塵芥が推積し、異臭がしてくるので、人夫五人を常雇とし、掃除にあたっていました。

事務所は北区壷屋町一丁目三番屋敷におき、仲間会議の場所にあて、事務員がおり市務を処理していました。これが天満青物市場の明治三十年代の実況でした。

天満青物市場の拡張

明治四十一年七月六日の役員会で、区域拡張が議論され、「龍田町以東信保町以西は裏町南入地点とす」と決議し、同年末の十二月十一日付で市場区域拡張願に土地家屋所有者の承諾書添付して大阪府に出願しました。大阪府からは同月二十六日付で許可され、区域拡張の目的は達成しました。

たまたま明治四十年（一九〇七）に内務省が淀川改修工事を始め、天満青物市場の沿岸部分は土地所有者の自費による埋立及び占用を許可するという情報が流れ、それをきっかけにして天満青物市場内で業者を二分する紛争が起こりましたが、数年間の争いも大正四年（一九一五）にいたって淀川埋立地に移転反対の者は、従来の市場区域に残留して天満旧市場として商いをすることで落着しました。

天満青物市場の沿岸部は明治四十五年二月、淀川北岸の天満橋から天神橋までの河川埋立工事が着手されました。翌々年に竣工しました。ついで埋立地に天満橋から天神橋までの間の桟橋を架設します。その上に、新市場家屋の建設を開始しました。

新市場は最初二十一棟の計画から二十五棟に拡張されました。天満青物市場の組合員百八十五人を数え、問屋と府下産のもの専門にわけていましたが、大正五年の組合規約改正以後は、仲間員全部を問屋と呼ぶようになります。取引内容からみれば純問屋九人、問屋兼業仲買十七人、仲買で問屋業務のもの三十九人、仲買専業百十三人で合計百七十八人になります。このほかに青果物特有の立売人があります。市場の事務所に届出たものはわずかに七十人あまりですが、任意に各人が交替して出場するので、延べでみると年間を通じて三百人を越したと記録されています。

大正期の天満青物市場

大正期の業務内容をまとめると、開市時間は午前五時から午後五時まで、毎月二十一日が公休日。セリ市は午前と午後の二回で、午前は七、八時頃から九時頃まで、午後は二、三時頃に昼市が行われていました。

荷主は生産者、地方商人、出荷組合に分かれていますが、伝統のある市場だから地方荷主の信用も厚く、仕出地も全国に及び、集荷するものも他市場に比べて果物や土物などの荷主が多いようです。

取引高の八割は委託集荷で、それも成行委託でした。成行で委託された問屋は、荷主、種類、商品の良否、腐敗度を区別し、個々にセリ市あるいは相対売買の方法で売捌きます。値段が決定されると問屋は荷主に、手数料、運賃、その他の諸掛費を控除して仕切金を送ります。

問屋と仲買との取引は、セリ市、値組の方法ですが、市立に参加できるものは、市場の組合員だけで、市中小売人の立合はできません。組合員相互間の取引は、毎月一回、月末勘定で二・五パーセントの歩戻をします。また売手側に現金が必要であり、途中で集金するときは現金で四パーセントの歩戻しをします。これを「現四」といっていました。

仲買と小売商人との取引は、原則的には現金取引ですが、信用のある商人には懸（掛）売とし、節季勘定にしています。

大阪市内青物市場の大正十一年の取扱高はつぎの通りです。

市場名	数量（トン）	金額（万円）
天満青物市場	九万三〇〇〇	一〇〇〇
うち蔬菜	六万	五四〇
果物	三万三〇〇〇	四六〇
天満旧市場	六万五〇〇〇	七〇〇
うち蔬菜	四万四〇〇〇	四〇〇
果物	二万一〇〇〇	三〇〇

木津難波魚青物市場	一万一七〇〇	一二〇
うち蔬菜	八八〇〇	八〇
果物	二九〇〇	四〇
木津青物市場	五万八〇〇〇	六〇〇
うち蔬菜	四万三〇〇〇	三九〇
果物	一万五〇〇〇	二一〇
宝船市場	七二〇〇	八〇
うち蔬菜	四四〇〇	四〇
果物	二八〇〇	四〇
靱青物市場	八四〇〇	九〇
うち蔬菜	五五〇〇	五〇
果物	二九〇〇	四〇
ざこば北青物市場	一万九〇〇〇	二〇〇
うち蔬菜	一万三三〇〇	一二〇
果物	五七〇〇	八〇
その他市場	一万三〇〇〇	一二〇
うち蔬菜	一万二二〇〇	一一〇
果物	八〇〇	一〇

中央卸売市場の準備

第一次世界戦争によって諸物価は暴騰し、都市市民に大きな影響を与えました。大阪市では大正の初期から、公設小売市場の研究を始めていました。大正七年初頭の大阪市議会で市内四カ所に公設小売市場を開設することを決め、四月十五日に東西南北の各区に設置しました。このあと七月二十三日富山県魚津の女仲仕の集まりから始まり、しばらくは日本全国を震撼させた〝米騒動〟が発生します。

その結果、大都市では大阪市を見習って九月頃から公設小売市場を急遽開設しました。この公設小売市場が大都市に展開しても、商品を提供する卸売市場が旧態依然のままでは、折角の日用必需品の物価安定につながりません。大正十年三月一日、政府は社会事業調査会を設置して、内務大臣から公設小売市場改善案を諮問、大正十二年二月に中央卸売市場法案が帝国議会に提出、三月二十日衆議院本会議で可決、三月三十日に公布されました。

大阪市では、大正十三年一月十日に臨時中央卸売市場調査委員会を設置し、三月の大阪市議会では十七ヵ所の候補地から四ヵ所にしぼり、最後に現在地の船津橋北詰安治川沿岸を適地として選定しています。土地買収が完了して低温冷蔵庫が建設され、昭和三年九月十五日に完成しましたが、冷蔵庫利用者組合の運営を巡って、生魚問屋が単数派と複数派に分かれ抗争を始めました。

天満青物市場をはじめ青物市場関係者は、生魚問屋の抗争に見とれていましたが、京都市場（昭和二年開場）が単一制に決定すると、大阪も単複どちらかに決定すべく追いこまれていきます。

結局昭和五年十一月、大阪市長の裁定で、「卸売会社は単一制で、卸売場は複数制」という大阪的な処理によって解決します。

天満市場や木津難波市場では、中央卸売市場が計画される段階から、「存置運動」という居残策が画策されていましたが、単複問題が片付くと早速存置運動となって天満市場、木津難波市場、雑喉場市場から台頭してきます。この問題も大阪市中央卸売市場が開場した昭和六年十一月十一日の前夜になって解決します。天満配給所と木津配給所の設置です。こうして天満配給所と木津配給所は昭和七年一月に業務を開始しました。

戦前・戦後の大阪野菜の流通

一　戦前——近郊農業の発展と「野市・百姓市」の成立

都市化と近郊農業の発展

一七世紀半ば過ぎから摂河泉一帯に発達した綿作と菜種作は、明治中期には全国一の大産地を形成しました。ところが、綿花の輸入拡大をきっかけとして激減し、その後は米麦作に多種類の野菜を組み合わせた近郊野菜産地としての歩みをたどることになったのです。また、大正後期から昭和初期にかけては、大阪・神戸では阪神工業地帯が形成され、各種の軽工業や重工業が発達した時期でもあります。大量の労働力がこれらの都市に集中したことで消費需要が拡大し、その結果として野菜・果樹・畜産などの商品作物生産を基本とする都市近郊農業がより一層発展していきました。

資料をみると、大正前期には、旧大和川河床地帯の中河内郡布施（東大阪市）周辺でも、明治期を通して特徴とされていた綿作に代わって蔬菜作が導入されています。それも、当初はダイコンやカンショなどの重量野菜であったものが、大正後期にはキュウリ、ナス、スイカなどの果菜類が栽培されるようになり、さらに昭和期に入るとホウレンソウ、キクナ（シュンギク）、ミツバ、大阪シロナ等の「軟弱野菜」の栽培が主流となっていったようです。

とくに有名なのは、大阪市に近接する堺市石津地区です。そこでは地の利を活かして輸送の困難な軟弱野菜の周年栽培（年四作から五作という高度な輪作）が発展し、大正期から昭和初期にかけて全盛を誇っていました。ここでは、大阪湾からの西風を利用した風車による揚水技術が早くから発達し、戦後この周辺が堺臨海工業地帯として変貌を遂げるまで、風車は大阪—和歌山間の車窓の風物詩として残されていました。

また泉南地域では、水田裏作品目の麦や菜種に代わる野菜としてタマネギが導入されました。タマネギは、大正九年には府下で八〇七ヘクタールも作付されるなど全国一の産地となりましたが、それ以後昭和四十年に兵庫県に第一位の座（三二八〇ヘクタール）を譲り渡すまでの四十五年のあいだ首位を独占した大阪野菜の代表選手です。

「野市・百姓市」と中央卸売市場

このような近郊農業の発展は、結果的に販売先としての農産物市場の形成を多様に促すことになりました。そして、当時特権的な地位を占めていた天満青物市場に代わる出荷先として、大坂三郷やその周辺地域で生産者の立売《たちうり》場を母体に開設された「野市・百姓市」と称される民営市場が数多く発展したのです。

明治中期には、すでに「市街地ノ近村ニ青物市場アリ　之ニ搬出スル時人何時ニテモ容易ニ売却シ得ヘキヲ以テ　農家如ナル菜類ヲ作ルモ其販路ニ困ム等ノ事絶テ無シトス（「大阪府農事調査」明治二十一年）」と、大阪の農家にとって重要な野菜の販売先となりつつあった野市・百姓市は、その後、明治末期に四十三市場、大正末期には五十五市場、さらに昭和十年には百二十市場にまで増加しました。

ところで、大正初期の記録によれば、これらの市場では近郊農家の個人出荷が全体の六割を占め、野菜の供給範囲も周囲十五里（約六〇キロメートル）、つまり大坂三郷を中心として東は奈良県北部、北は西宮・神戸（兵庫県）、伏見（京都府）に限られていました。そして、当時すでに全国各地の産地から広域的に農産物を集荷していた天満青物市場とは対照的に、これらの野市・百姓市は、地元産地と密接に結びつきながら発展を遂げました。両者はともに、広域流通の担い手である中央卸売市場と、地場流通の担い手である地方卸売市場とからなる現在のような大阪野菜の流通の基礎を形作っていくのです。

青果物流通のしくみと変化

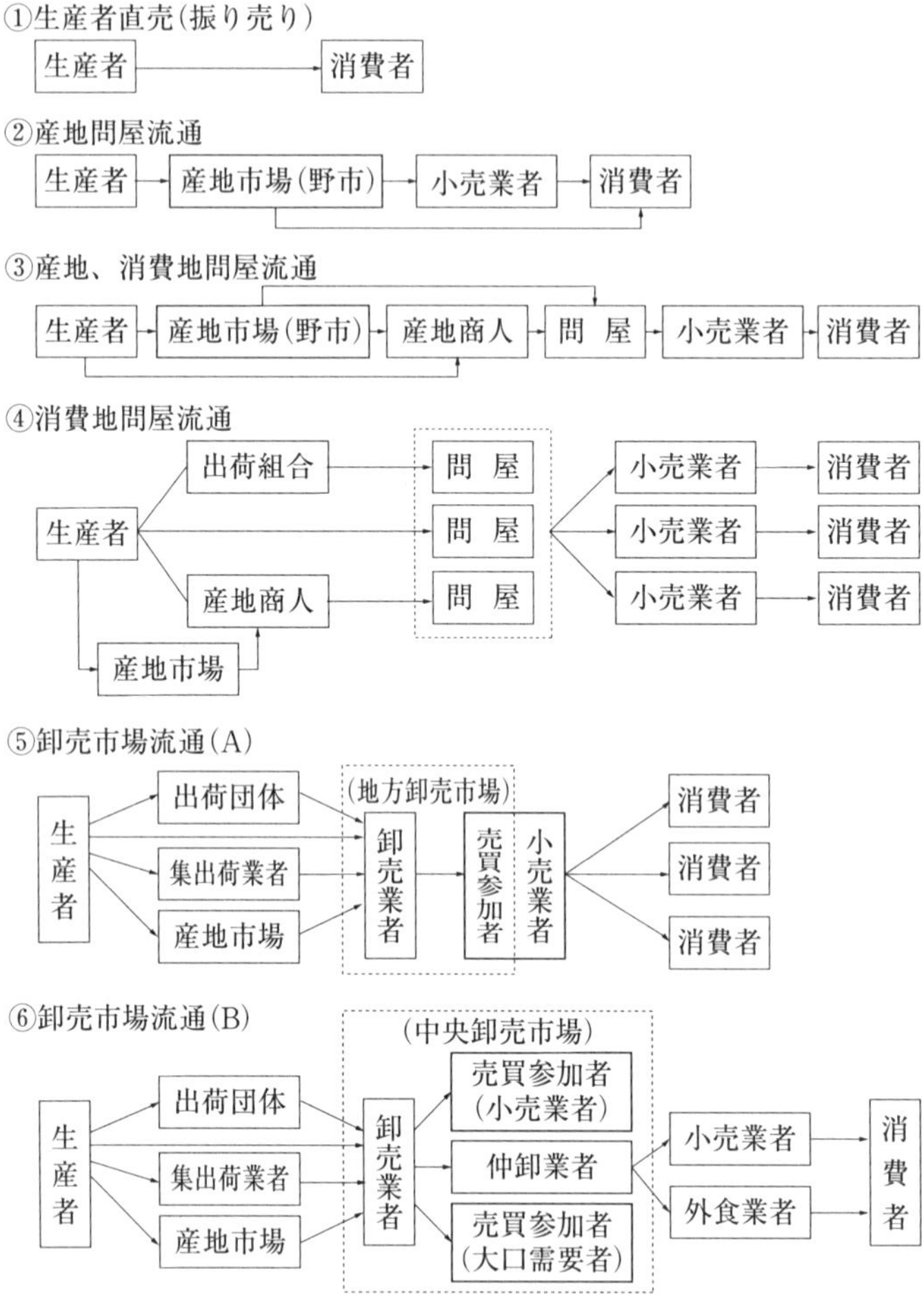

山本博信『生鮮食品流通90年代の課題』(食品流通研究会、1990年)より

また、この時期は、現在の卸売市場制度の基礎が形作られていく時期でもありました。第一次大戦後の大正七年に起こった有名な「米騒動」は、庶民の生活を非常に不安定な状況に追い込みました。それがきっかけとなって、生鮮食料品の価格安定を図ることは重要であるとされ、国は当時大阪で先んじて設置されていた公設小売市場の存在に刺激を受けて、大正十二年に「中央卸売市場法」を制定することになりました。これ以降、全国の主要な消費地域における生鮮食料品の流通拠点として公設の中央卸売市場が整備されていくことになるのです。

現在の大阪市中央卸売市場（本場）は、京都市に次いで全国第二番目の中央卸売市場として昭和六年に開設されたものですが、開設直後の昭和八年には、市場に入荷する野菜のうち大阪産の占める割合が約一五パーセント、果実では約七パーセントにまで低下しているなど、すでに全国産地を対象とする広域大量流通型の市場としての性格をもつに至っていることが分かります。

戦前の大阪野菜の出荷・販売――泉州タマネギと青田師

府下一円に存在した野市・百姓市が、大阪の野菜生産農家に対して有利な販路を提供してきたことはいうまでもありません。ここでは当時の大阪野菜の代表選手、タマネギの出荷・販売がどのように行われていたのかをみておこうと思います。

タマネギは、明治初年にアメリカから導入され、まず北海道で栽培に成功した後、現在の大阪府泉州地方で栽培が開始され、国内有数の産地を形成するに至った特産野菜です。泉州タマネギの発展に貢献した今井伊三郎の話によれば、導入当時（明治十八年）の販売には大きな苦労が伴ったようで、タマネギに馴染みのない市場関係者から大きなラッキョウではないかと相手にされず、ただ同然の安値で投げ売りしたと伝えられています。しかし、明治二十六年に大阪市でコレラが大流行した折りに、タマネギがこれに効くとされたことや、当時軍需品としても買い上げられたことなどを背景として、一般への需要が拡大していくことになりました。

その後、明治二十九年の綿花輸入関税撤廃をきっかけに、水田裏作の代表的換金作物として一大盛況を呈した菜種が競争力を失って衰退するなど、泉州地域の農業は大きな曲がり角に差しかかります。そして、これに代わる換金作物として導入されたのがタマネギでした。表作の米をも上回る収益性の高さが農家に受け入れられ、後の大正・昭和期にかけて本格的な産地化が進みました。昭和初期には年産額が百万円に達するなど泉州地方は全国第一位のタマネギ産地へと発展を遂げたのです。例えば、昭和八年産タマネギの場合、大阪市や京都市の中央卸売市場での大阪産の割合は、それぞれ実に七割近くを占めていたといいます。

そして、このような泉州タマネギの全盛期を流通・販売面で支えたのが、「青田師（ねぎ師）」と称されるタマネギ専門の産地仲買商人の存在です。当時は、農産物の流通・販売における青田師の役割が大きく、先の「農事調査」でも、大阪府下の主要農産物（米や麦などの主食をはじめ、菜種・綿などの商品作物）の多くが青田師を経由して市場に出回っていたことが記されています。とりわけ野菜の場合には、収穫前の作付状態のまま青田師に売り渡すという売買慣行が広く行われていましたが、タマネギについてもその生産の拡大とともに、流通における青田師の役割が大きくなっていったのです。

泉州タマネギの出荷・販売には、①収穫して間を置かず五月中下旬から七月上旬にかけて早期販売する「青切り」タマネギ（今井系・泉州中生系）、②吊り小屋で貯蔵し、七月から十月にかけて販売する「吊り」タマネギ（大阪中高）、③「吊り」タマネギを箱に詰めて冷蔵保存することで販売期を延長する「冷蔵」タマネギの三つの方法があります。このうち、「青切り」の栽培が盛んであった海岸部では、野菜の輪作体系が古くから確立していたこともあって、出荷・販売を青田師に一任することで労働力を有効活用する方法が採られてきました。また、「吊り」の栽培を中心とする平地水田地帯でも、市況をにらみ合わせながら出荷・冷蔵などの手段を組み合わせて、需給調整（販売期間の延長）を行い、有利販売を実現しようとする青田師に活躍の場が与えられてきました。

このように、大正・昭和初期を通じた泉州タマネギの歩みは、青田師の存在抜きには語ることができません。当時の青田師は、泉州地域以外にも兵庫県産（淡路）や和歌山県産のタマネギも合わせて取り扱っており、その数は約八十名（最盛期…昭和初期には約百名）、「吊り小屋」数も約六千五百に及び、貯蔵可能量は約六万トンと推定されています。実際に、戦後、昭和四十年代半ばに実施された農林省大阪統計調査事務所の調査でも、泉州タマネギの販売の約八割は依然として「青田師」が占めていたとされています。

二　戦後──野菜流通の広域化と卸売市場の整備

都市の拡大と野菜流通の広域化

戦後すぐに行われた農地改革によって、全国農村の六割にも及ぶ生産者（小作農）が、戦前の地主制のもとで実施されていた高率の現物小作料の支払いから解放されることになりました。また、戦時下の配給統制のもとで経済活動の自由を奪われていた卸売市場も復活しました。そして、営農・技術改善の努力が報われるようになった生産者（自作農）は、その後急速に復興した都市の食料需要にも支えられながら農業の生産力を回復させ、都市近郊農業を多様に発展させていくことになります。

とりわけ、昭和三十年代から始まる高度経済成長期には、東京、大阪、名古屋などの三大都市圏に人口が集中し、大量の食料品の消費需要が形成されることになりました。この時期には、これら大都市地域に対していかに安定的に生鮮食料品を供給する仕組みをつくるのかが重要視され、卸売市場の役割に対する期待が高まります。

野菜については、昭和三十年代半ば以降における都市化の進展とそれを支えた交通輸送条件の整備・技術革新によって、都市近郊の野菜産地に代わって、北海道や九州地域などの遠隔地に新たに育成された単作型の大型産地から大量の野菜が搬入されるようになるなど、広域流通が一般化していくことになりました。そして、それらの仕組みを政策的に支える役割を果たしたのが、大都市に対する野菜の安定供給を前提として、市場価格が暴落したときなどに指定された品目について価格補填を行うことを主旨とする「野菜生産出荷安定法（昭和四十一年）」でした。

このようなもとで、都市への近接性を活かした多品目複合型の生産・出荷を本来の特徴とする野菜の流通は大きく変化し、中山間地域や都市近郊に位置する小規模な野菜産地はその存立基盤を大きく後退させることになっていくのです。

後退する近郊産地と卸売市場整備

ここで、大阪府下の中央卸売市場、地方卸売市場における野菜入荷量の推移と大阪野菜の位置を確認しておくことにしましょう。まず、中央卸売市場に入荷した野菜総量をみると、戦後間もない昭和二十五年当時に一六万五千トンであったものが、昭和五十年には四六万七千トンと約三倍近くまで増加し、さらに平成十二年には六八万七千トンとなっていますが、この数値は平成以降ほぼ横ばいで推移しています。それでは、そこでの大阪野菜の位置はどうかというと、昭和二十五年で二万三千トン（シェア一四パーセント）、昭和五十年には三万八千トン（同八パーセント）、平成十二年には同じく三万八千トン（同五パーセント）となっています。近年になって大阪野菜の入荷数量にはそれほど大きな変化はありませんが、全体の中でのシェア（産地順位）は低下の一途を辿っていることが分かります。

一方、野市・百姓市に系譜をもつ地方卸売市場ではどうでしょうか。全体の動きが分かる最も

広域流通の進展と地方卸売市場の産地入荷構成（大阪府・野菜）

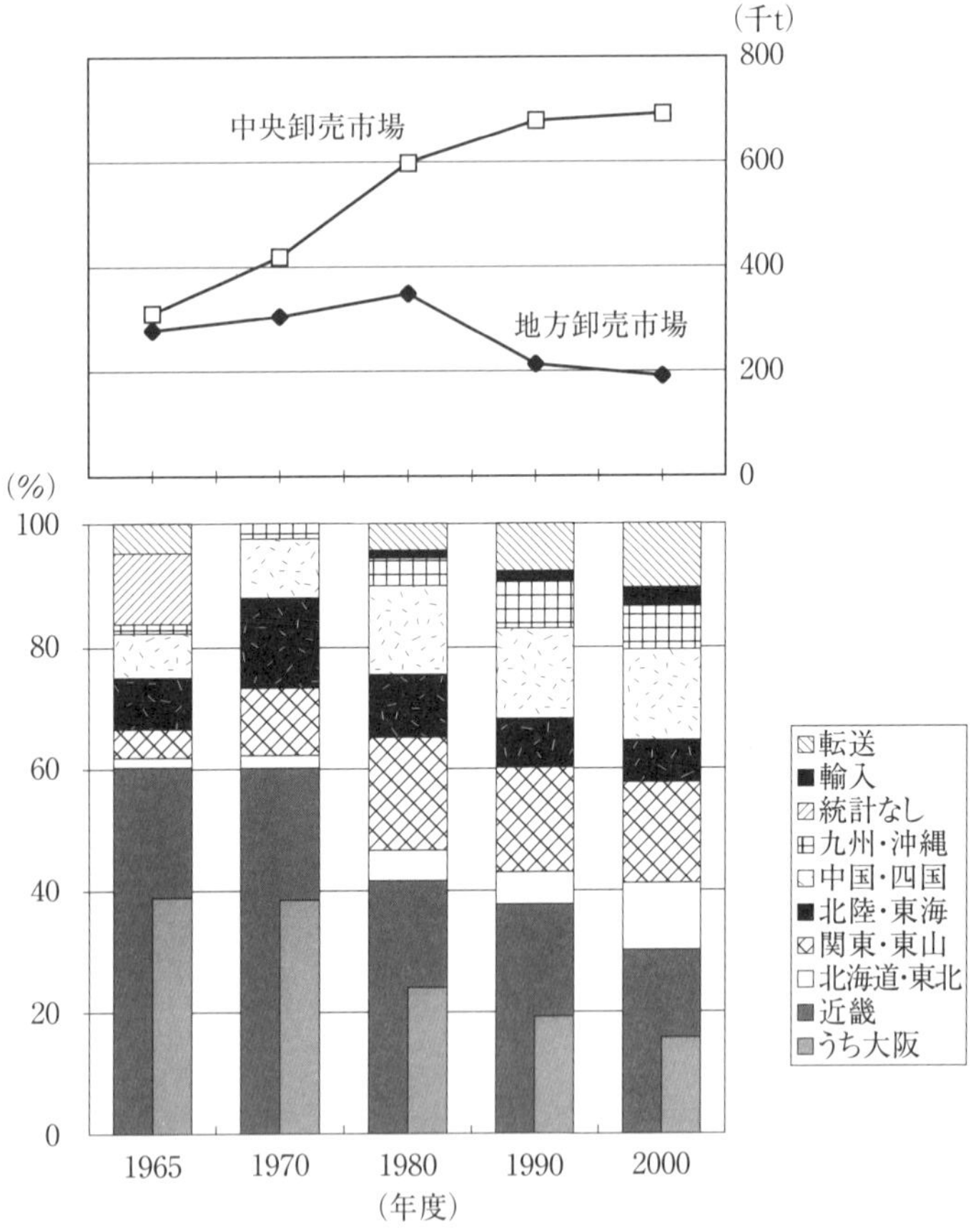

資料：大阪流通情報協会『青果物流通年報（野菜編）』、近畿農政局大阪統計情報事務所『青果物流通統計年表』

古い昭和四十年の記録によれば、当時の野菜入荷総量は二八万四千トン。その後、昭和五十年には三五万九千トンとピークを迎えますが、平成十一年には一八万六千トンにまで大きく減少しています。また、そこでの大阪野菜の位置はというと、昭和四十年で一一万六千トン（シェア四一パーセント）、昭和五十年で一〇万五千トン（同二九パーセント）、平成十一年には二万七千トン（同一四パーセント）とここでも大きく減少しています。

ところで、このような卸売市場流通にみられる大阪野菜の消長は、生産者からみたときの出荷・販売先である卸売市場そのものの栄枯盛衰の歴史であるといっても過言ではありません。実際に、野菜を取り扱う地方卸売市場数の変化をみると、昭和三十年当時には府下全域に百八市場配置されていたものが、平成十二年には三十市場と三分の一以下に激減しています。

確かに、これら廃業した市場の中には、公設の中央卸売市場と民営中心の地方卸売市場との計画的配置を掲げた「卸売市場法（昭和四十六年）」の制定をきっかけに、複数市場が自ら進んで再編統合したり、新たな中央卸売市場の開設（東部市場：昭和三十九年［大阪市］、北部市場：昭和五十三年［大阪府］）時に市場関係業者として収容された市場も幾つかはあります。しかし、ほとんどの場合は、先にみたように集荷先であった近郊の野菜産地が後退し、大阪野菜の入荷量が減少する過程で廃業を余儀なくされたものと考えてよいでしょう。また、逆説的ないい方をすれば、これら地方卸売市場数の減少に伴ってもたらされた地場流通の縮小を通じて、組織的な出荷体制の確立が遅れた都市近郊の多品目型小規模野菜産地が存続する条件も狭められてきたといえるのだろうと思うのです。

三　大阪野菜の出荷・販売の動き

野菜流通の担い手

戦後、都市域の急激な拡大に伴って大阪の農業は「都市農業」としての性格を強めていきました。そのようなもとで、府下に残る野菜産地の多くは小規模・零細産地であるという特徴を持っています。しかし、野菜の出荷・販売という面からみると、新鮮な地場野菜を必要とする大量の消費需要が身近に存在していることもまた事実です。野市・百姓市に系譜をもつ地方卸売市場などの存在が、地元生産者に販路を提供するという点で重要な役割を果たしてきたことはすでにみたとおりですが、その他にも消費地に近いという利点を活かして朝市などの消費者直売や観光農園、小売店への契約販売など様々な取り組みが行われてきました。本書に登場する大阪野菜のなかでも、鳥飼ナス（摂津市）、葉ゴボウ（越前白茎・八尾市）、軟化ウド（茨木市）、奈良漬用ウリ（服部越瓜・高槻市）、水ナス漬（泉南地域）などは、宅配便を通じて直接に消費者の家庭へ届けられています。

ここでは、まず青果物の基幹的流通である卸売市場を経由する流通のなかで、大阪野菜がどのように取り扱われているのかを詳しく見てみましょう。野菜を取り扱う卸売市場には、大きく分けて二つのタイプの卸売市場があります。一つは、全国の主な野菜産地から農協などの販売組織を通じて集荷するなど広域的流通を特徴とする中央卸売市場（府内三カ所）を経由するもの。そしてもう一つは、地元大阪あるいは隣接する周辺府県に位置する小規模な野菜産地からの集荷を中心とした地場流通型の地方卸売市場（府内約三十カ所）を経由するものです。

さて、大阪野菜はこれらの卸売市場にどのようにして運び込まれるのでしょうか。これも大きく分けて四つのタイプがあります。第一は、生産者個人あるいは数人のグループが、自ら直接に近隣の卸売市場に野菜を持ち込むもの。第二は、市場業者が生産者個人のほ場や産地に設置された集荷場をトラックで巡回して集めて回るもの。第三は、ナス・キャベツなど野菜生産の盛んな南大阪地域がその中心ですが、ある程度まとまった規模の専作型産地をカバーする農協組織から持ち込まれるもの（農協共販）。第四は、これらの溝を埋める形で、生産者個人のほ場を直接巡回して集めた農産物を数量をまとめて卸売市場に運び込む役割を担う集出荷業者が関わるものです。

なお、大阪野菜の場合には、これらのなかで最も多くかつ一般的なのは、第一のタイプ、すなわち「個人（グループ）出荷」といわれるものです。

地方卸売市場の役割

現在、大阪府下で野菜を取り扱う地方卸売市場の数は約三十市場。これら卸売市場の取り扱い規模は様々ですが、一部を除いてほとんどの市場で、地元大阪が野菜入荷量第一位の産地となっています。卸売市場には、毎日のように大阪で生産される様々な野菜が運び込まれてきますが、

大阪府下の卸売市場配置

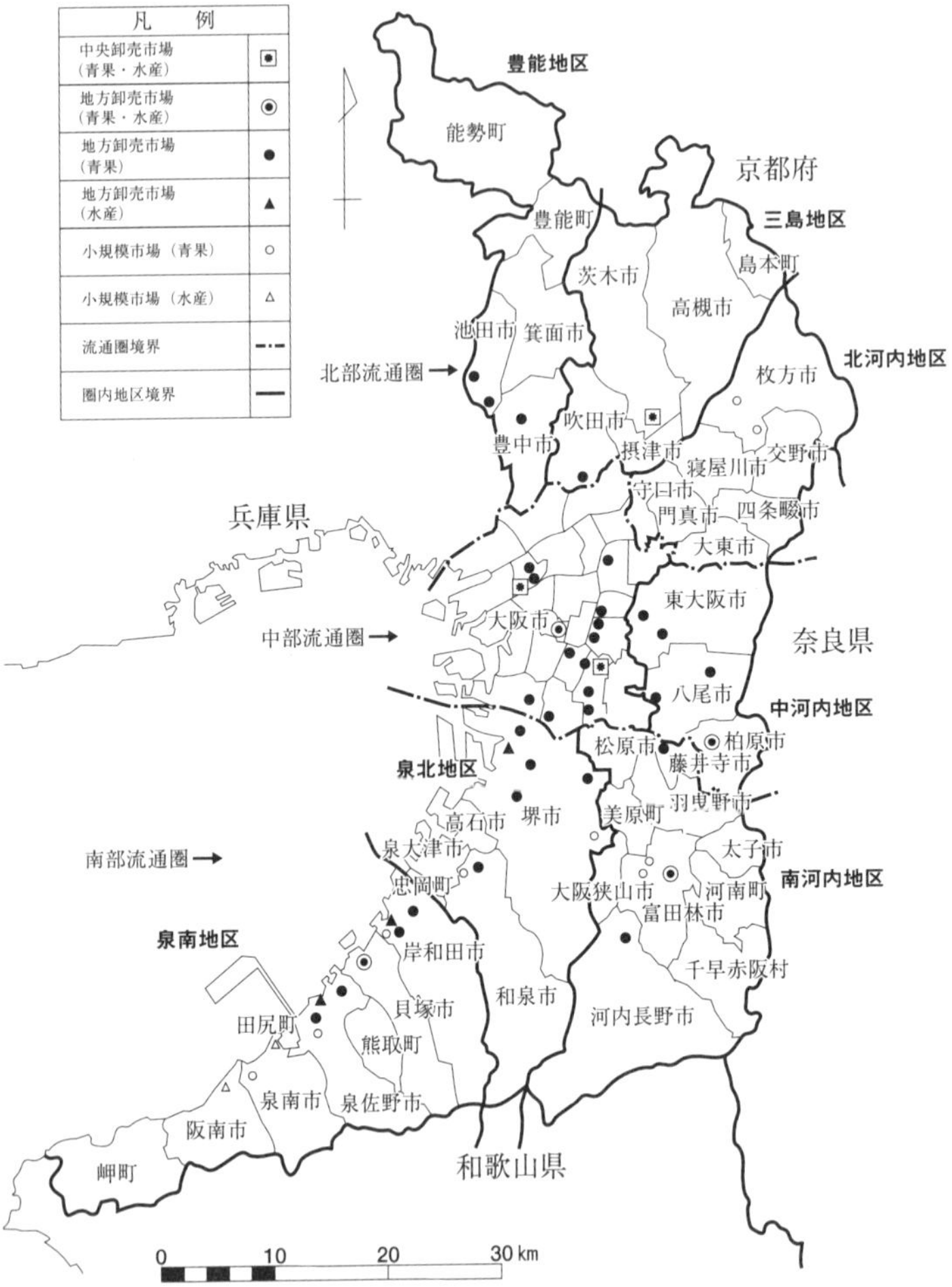
凡例
中央卸売市場（青果・水産）
地方卸売市場（青果・水産）
地方卸売市場（青果）
地方卸売市場（水産）
小規模市場（青果）
小規模市場（水産）
流通圏境界
圏内地区境界
豊能地区
能勢町
京都府
三島地区
豊能町
島本町
茨木市
高槻市
池田市
箕面市
北部流通圏
北河内地区
枚方市
吹田市
豊中市
摂津市
寝屋川市
交野市
守口市
兵庫県
門真市
四条畷市
大東市
東大阪市
大阪市
中部流通圏
奈良県
八尾市
中河内地区
松原市
柏原市
藤井寺市
泉北地区
羽曳野市
高石市
堺市
美原町
南部流通圏
泉大津市
太子町
忠岡町
大阪狭山市
河南町
南河内地区
富田林市
泉南地区
岸和田市
千早赤阪村
和泉市
貝塚市
河内長野市
田尻町
熊取町
泉南市
泉佐野市
阪南市
岬町
和歌山県
0
10
20
30 km

地方卸売市場のセリ取引風景

なかでも鮮度が命で日持ちがしないことから一般に遠隔地からの広域流通には馴染まないとされる軟弱野菜類（ホウレンソウ・コマツナ・大阪シロナ・シュンギクなどの葉菜類を指す）の割合が極めて高くなっていることが特徴です。

ここで、地方卸売市場における大阪野菜の流通の動きを統計からみることにしましょう。地方卸売市場全体での大阪野菜のシェア（金額）は約二六パーセント（第一位）ですが、そのうち「個人（グループ）出荷」によって運び込まれる割合が約四六パーセントを占めていることが分かります。最近の調べによると、各卸売市場の荷主（出荷登録者）のなかで地元近郊産地からの常時出荷者数は、少ないところで二十件程度、多いところでは百件以上に及んでいます。産地（農協）名入りの化粧箱で売場に並べられた農協出荷の野菜が、整然と相対で取り引きされていくのとは対照的に、コンテナ（通い容器）や古段ボール箱、あるいは新聞紙の上に裸荷で山のように積まれた地場野菜は、通常、小売店が参加する「せり」で取り引きされます。そのせいか、地場野菜の出荷量が多い卸売市場は活況を呈しており、早朝の取引風景などはなかなかの圧巻です。

ところが都市化の進展に伴う生産環境悪化の影響や、生産者の高齢化、後継者不足などの事情が重なって、近年になって地方卸売市場への個人出荷者数も減少のきざしをみせつつあります。そこで各市場では、①地場野菜専用の売場や出荷者が利用できる保冷庫（とくに軟弱野菜の場合には、夏場の鮮度保持が不可欠）を設置するなどの便宜を図るほか、②地場野菜専用のコンテナを導入することで生産者の出荷労力・経費の節減に努める、③高齢化や兼業化などによって卸売市場へ直接持ち込むことが難しくなった生産者向けに市場業者がほ場を巡回して集荷するなどの取り組みを進め、地方卸売市場の生命線ともいうべき地場野菜の安定確保に努めています。

また、スーパーとの取引に際しては、契約数量の確保や品質の安定性が強く求められることから、市場業者が専業的な生産者と契約を結び、スーパー販売向けの地場野菜を安定的に確保しようとする取り組みも始まっています。ここに至っては、「座して待つ」という古いタイプの卸売市場のイメージはありません。市場業者がコーディネーターとなって、作付品種の選定から肥培管理方法、さらには調製技術（葉菜類の結束方法）に至るまでを生産者に指導し、スーパー各社の規格・要請に応じた商品づくりを行っているのです。

中央卸売市場の役割

西日本で最大規模を誇る大阪市中央卸売市場（本場）では、次のような方法で地元大阪野菜を取り扱っています。一つは、府下の農協組織を中心とする共同販売。もう一つは、市場開設者である大阪市から認可を受けた集出荷業者が、市場業者に代わって大阪府下および隣接府県の生産者から軟弱野菜などを直接に巡回集荷し販売するというものです。

前者は、主に集団的産地が残る南大阪地域からの野菜ですが、これも品目ごとに盛衰が見て取れます。商業的農業の発達とともに、大阪野菜の象徴的存在であったタマネギなどは、昭和四十年を境に入荷量は激減し、昭和三十年当時は四〇パーセントを上回ったシェアが現在ではわずか一パーセント程度にまで低下しています。これは、サトイモやレンコンについても同様です。ところが、キャベツやナスについては、大阪産のシェアこそ低下しているものの、入荷数量はそれほど落ち込みを見せていません。どっこい踏ん張って大阪野菜の健在ぶりを示しているといったところでしょうか。

一方、現在、集出荷業者として活動するのは約三十名。ここでは、農協など組織的な販売体制では充分にカバーしきれない小規模産地で生産される軟弱野菜などが主な取扱品目です。したがって、数量的には農協共販には及びませんが、金額ベースでは本場に入荷する大阪野菜の約四〇パーセント程度のシェアを占めています。集出荷業者の取引形態は、昼から夕方にかけて生産者のほ場を巡回集荷して、販売委託を受けた野菜を翌朝に市場内売場に運び込み、自ら直接に小売

大阪本場での主な大阪野菜入荷量の変化

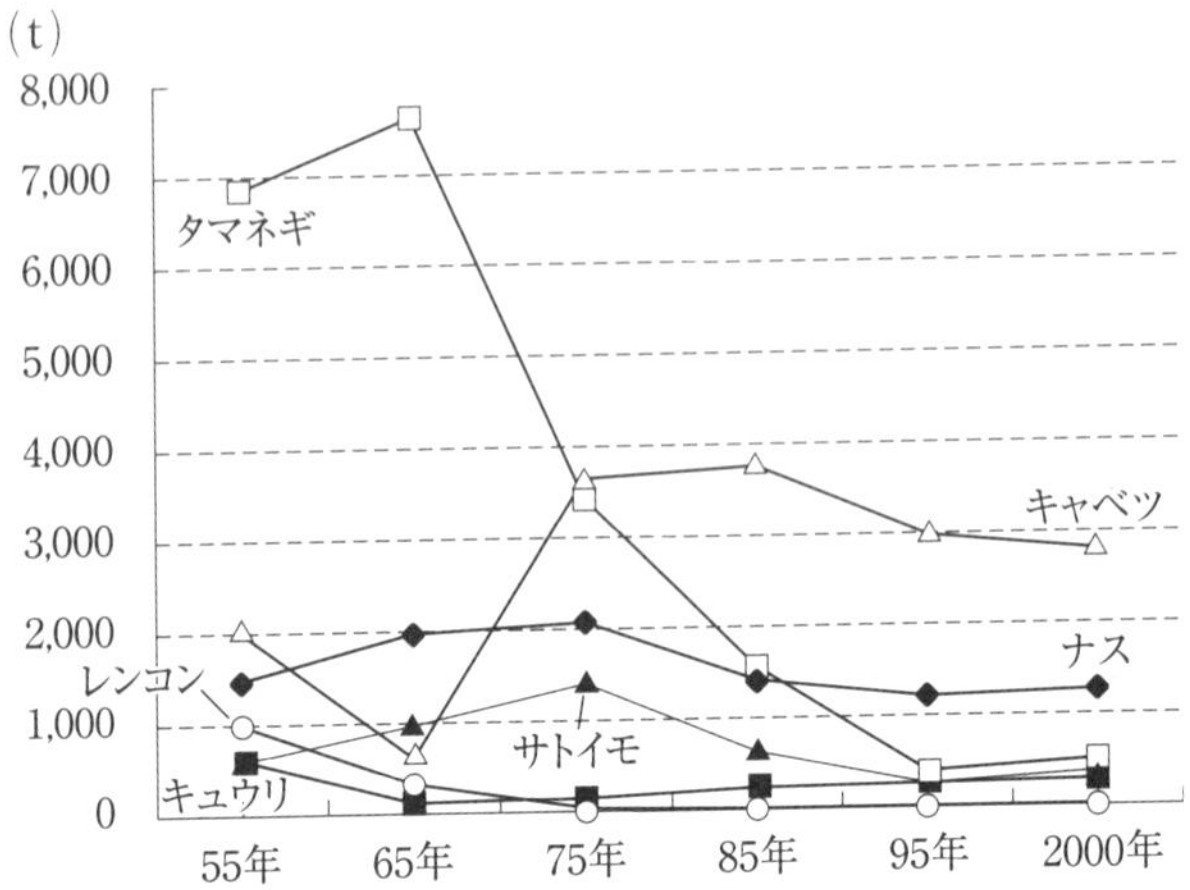

資料：大果大阪青果㈱提供

近郷売場の取引風景

業者等に相対で販売するというものです。立売人に系譜をもつこれらの活動は、中央卸売市場での地場野菜の取扱方法としては全国的にも珍しい形態ですが、このような業者は大阪府下でも多数活動しています。高齢化や兼業化に悩む生産者にとっては自ら出荷する手間が省けるという点で、彼らの存在を重宝しているようです。

大阪府下にはこの他に、東部市場と北部市場が開設されています。ともに、本場でみたような府下農協の共同販売による大阪野菜の取り扱いを行っていますが、ここには集出荷業者は存在しません。集出荷業者の活動に相当するのは、中央卸売市場が開設される際に、統合された旧来の地方卸売市場に出荷していた生産者の強い希望を受けて、市場業者が設置する運びとなった地場青果物の専門売場（近郷売場）の取り組みです。近郷売場の最大の魅力は、新鮮な軟弱野菜が豊富に品揃えされていることですが、数量ベースでも両市場で取り扱う大阪野菜の約三五～五〇パーセントのシェアを占めています。例えば、東部市場の近郷売場では、出荷者登録数だけでも約九百名に及んでいますが、近年では大阪府下の産地が後退したことに伴って、「近郷」の範囲が奈良県や和歌山県など近隣県にまで拡がりつつあるのが特徴であるようです。

ここでは、地方卸売市場の場合と同様に、地元の八百屋さんなど一般小売商も地場野菜の取引に参加できることが特徴です。早朝からのセリ取引の賑わい具合が、卸売市場の元気さを示すバロメーターともいわれています。

朝市・直売所の役割

いま、朝市や直売所を通じて販売される農産物の流通形態が全国的に脚光を浴びています。埼玉県が全国都道府県に対して実施した調査（平成九年）によると、全国の農産物産地直売等の取り組み実施件数は約一万千三百件、のべ参加農家数は八万七千戸余、総販売金額は三百九十一億円に及ぶといわれています。ただし、この数字は組織的な取り組みに限られていますので、よく見受けられるような生産者が自らのほ場の傍らで直売するという形態を含めると、その数はさらに増えることでしょう。

これまでは、朝市や直売所での農産物の販売というと、どちらかといえば比較的小規模な不定期の取り組みがほとんどでした。そこには生産者の自家用野菜の余りものや市場出荷には馴染まない形の不揃いなものなどが並べられていたり、また販売している生産者も高齢者や女性が中心、というイメージではなかったかと思います。ところが、今どきの朝市や直売所は随分と様変わりしました。生産者番号の入ったバーコードに対応するレジを備えた常設型の大規模な直売施設が、幹線道路沿いに開設されるといった例も各地で増えています。そのような朝市や直売所では、地元の野菜や果物はいうに及ばず、加工品から郷土の土産品に至るまでの豊富な品揃えが特徴です。しかし、なかにはあまりにも規模が大きくなりすぎて、肝心の地場産品の位置づけがおろそかになっているところもあるようです。

一方で、都市部に近いところの朝市や直売所では、必ずしも常設型ではなく、また販売額こそそれほど大きくはないものの、地の利を活かして生産者と消費者が日常的に交流を深めたり、都市住民が農作業を手伝うなどの注目すべき動きも起こっています。大阪ではどうでしょうか。私たちの大学で調べたところによりますと、平成十一年時点で府下で組織的に取り組まれている朝市や直売所の数は約九十カ所。多くの場合には生産者のグループが中心となって朝市・直売所の運営にあたっています。また、なかには地元の農協や自治体ともうまく協力関係を維持しながら、開催されているものも少なくありません。販売される品目は、野菜が圧倒的に多く約六五パーセントを占め、以下、果実、花き（切り花や花壇苗、鉢物など）と続きますが、最近の傾向としては切り花を取り扱っている朝市や直売所に人気が集中する傾向が見られるようです。

ところで、これら大阪府下で開催される朝市や直売所で農産物を販売する生産者（農家数）は約千五百戸、これは統計上の府下「販売農家」数（約一万五千戸）の十分の一に過ぎません。また、運営に携わっている生産者の多くが六十歳代以上の高齢者であり、一組織当たりの年間販売額も五百万円に満たない規模のものが全体の約七割を占めています。しかし、直売活動に参加し、消費者との交流が深まるにつれて、それまでは自家消費分で精一杯だった兼業農家が営農に意欲を見せ始めたり、集落の中で高齢者や女性の活躍の場が拡がったり、さらには市場出荷が中心の専業農家も直売用に少量多品目の作型を導入したりといった動きが生まれています。このように、朝市や直売所の存在が、地域農業の潜在的な生産力を引き出し、農村の活性化にも大きく貢献していることは重要です。

朝市の魅力ー新鮮安心な地場農産物と交流活動

四　流通をめぐる新たな環境変化と野菜産地

進展する食の外部化・サービス化・調理の簡便化

高度経済成長期以降、女性の社会進出や家族数の減少を背景として食生活や生活様式が大きく変化しました。食生活の変化は「洋風化・多様化」といった言葉に象徴されますが、その結果として、パンや麺類（カップラーメンなど）に代表される簡便食品が登場し、また消費者の加工食品への利用頻度も高まってきました。そして、核家族化の進行や単身者世帯の増加、さらには共稼ぎが一般化するなど都市部を中心とした家族関係の変化がきっかけとなって、消費者の生活様式がより一層多様化していきました。

これらのことが、近年めざましい展開を遂げつつある食料品小売業の再編を押し進めてきたといえるでしょう。それは、食料品小売部門でのスーパーのシェア拡大、食品産業の進出、カタログ販売・宅配等の無店舗の食材販売や持ち帰り弁当の出現などからもうかがえます。なかでも、近年「食の外部化」と称される傾向は顕著であり、野菜の消費形態でいえば、かつての内食（購入した生鮮素材を家庭で調理する家庭内消費）から冷凍品など加工野菜を中心とする外食・中食《なかしょく》（惣菜など調理済み食品を購入し家で食べる）消費へとシフトしつつあることは重要です。

実際に、消費者サイドにおける調理の簡便化志向や低価格志向に裏付けられたそれら加工食品への依存は、食品産業（食品小売業、中食・外食産業等）の多様な発展をもたらし、野菜についてはいまや業務需要が家庭内需要を上回るに至っています。しかも、それら食品産業は、加工原料野菜の調達先を国内産地ではなく、主としてコストの安い海外産地に求めています。その結果として輸入野菜が急増しており、それは国産生鮮野菜の需要をますます停滞させ、長期的な価格低迷が続くなかで「いったい何を生産すれば良いのか判らない」という国内産地の行き詰まり感を生み出しています。

スーパーの伸長と産地へのインパクト

農林水産省が実施した「食料消費モニター調査（全国・平成七年）」によれば、野菜を例にとると、主としてスーパーで購入するという割合が半数を超え（約五三パーセント）、その一方で八百屋さんなど専門小売店から購入する割合が年々低下しています。このような消費動向を背景として、スーパーは大きな資本力を活かしながらチェーン展開を遂げ、いまや食料品小売業の中心的な役割を担うに至っています。

それらスーパーが、野菜など生鮮農産物の仕入れにあたって最も重視していることは、常に系列の各店舗に対して、規格性を備えた商品を、大量にしかも安定した価格（＝低価格）でいかに品揃えすることができるかという点です。しかし、実際にはどうでしょうか。お馴染みの新聞折り込みチラシに掲載される特売商品の価格などは、印刷の都合上数週間前に決められてしまうこともしばしばです。しかし、天候異変など自然条件の制約を受ける農産物の場合には、定められた販売価格に見合う価格での仕入れが常に可能かというと必ずしもそうではないのです。このような価格面でのリスク（危険負担）をはたして誰が負うのかが問題となります。スーパーと取引する産地や卸売市場の流通関係業者が一番頭を悩ませている点です。

また、家族世帯員数の減少や調理の簡便化志向を背景として、スーパーの生鮮食料品売場にはそれら消費者の多様なニーズに応えるための各種商品（小口パックやカット野菜など）が陳列されています。しかし、そのために必要な原料農産物の加工・調製作業の多くは、必ずしもスーパーのバックヤード（店舗に併設された自社加工場）ではなく、流通関係業者やさらには産地の生産者段階で対応することが求められるようになっています。

近年、企業の環境対策やゴミ処理問題への関心を背景に、農産物の流通段階における過剰包装や厳格化した出荷規格のあり方を問い直す声が強まっています。とくに野菜の場合などは、全労働時間に占める収穫・出荷作業の割合が高いことから、輸入野菜に対抗して国産野菜の生産費低減を図る上でも、包装や規格の簡素化が強く求められています。しかし実際に遅々として進んでいないのは、大口需要者であるスーパーから「荷姿や品質にバラツキがみられる」というマイナス評価を受けかねない取り組みには、産地として消極的にならざるを得ないという事情があるようです。

急増する輸入野菜と産地の国際化

平成に入ってから、それ以前とは比較にならないスピードで、海外で生産された野菜の輸入が急増しています。その背景としては、生鮮食料品の輸送手段（とくに鮮度保持技術）の発達や輸送費の低下、そして円高による内外価格差の拡大などが挙げられます。いまや日本への輸出を目的とした野菜産地が世界の至るところに形成されているのです。実際に、日本の生鮮野菜の輸入数量をみると、昭和六十三年以降とくに平成五年以降の増加が著しく、昭和六十二年の一三万トンに対して、平成十二年には九七万トンにも達しています。また、輸入形態別の割合（数量）でみても、従来からの主要な輸入形態であった冷凍野菜七七万トンをも上回る勢いです。

ここで、卸売市場を経由する流通に限って、西日本の拠点的な卸売市場である大阪府下の中央卸売市場（三市場計）における輸入野菜の取扱実績（数量）をみてみましょう。統計によれば、昭和六十年当時に約六千トン（占有率一パーセント）であったものが、平成十二年には四万六千トン（同七パーセント）にまで拡大しています。さらに詳しくみてみると、数量の多い順に、①中国：約一万三千トン（生シイタケ・白ネギ・ゴボウ・ニンニク等々）、②ニュージーランド：約九千トン（カボチャ・タマネギ等）、③アメリカ：約七千トン（ブロッコリー・タマネギ等）、④韓国：約三千トン（ピーマン・ミニトマト等）、⑤トンガ：約二千トン（カボチャ）となっており、これら上位五カ国で輸入野菜全体の約七五パーセントを占めています。ところが、この割合は年々減少傾向にあるというのですから、それだけ日本市場への野菜輸出をめぐる多国籍化が進行していることが伺えます。

なかでも第一位の中国からは極めて多くの品目の野菜が輸入されていますが、品質的にもほとんど国内産と同等のものが、圧倒的に安い人件費等の優位性を活かして日本市場に参入してくるわけですから、当然競合する品目を抱えた国内野菜産地に大きな影響を及ぼしています。また、それらの多くは和食の調理食材として国内産と共通の性格を持っていることから、原料コストの引き下げによって価格競争力を強めたい外食や中食産業などの業務需要の主要な受け皿になっていることは見過ごすことができません。

これまで、輸入野菜の基本的役割は、国内供給の季節変動（端境期など）や収量変動（天候異変による収量不足など）を調節するという位置づけからいわゆるスポット的なものといわれてきました。しかし、近年では、日本側が品種や栽培方法、規格まで指定して現地生産者と契約関係を結ぶといった「開発輸入」の増加に象徴されるように、日本国内での新たな需要獲得と日本市場におけるシェア確保を目的とした計画的・持続的輸入へと転換し、周年的な供給体制が確立しつつあることが特徴となっています。

「地産地消」運動の拡がりと期待

このように海外からおびただしい数の農畜産物が押し寄せる一方で、地域で生産された農水産物を、可能な限り地域のなかで流通、消費しようとする「地産地消」運動が全国各地で拡がりをみせています。古くは「身土不二（身体と土は異なるものに非ず、つまり自分が生活する土地から生まれた農産物が自分の体質に最も良く合うこと）」の考え方に一致するこの運動は、国内産地を維持・存続することによって地域レベルで自給率の向上を図ろうとする取り組みの一環としての役割を担っています。

例えば、農林水産省でも、国産野菜の供給力を向上させることを目的として、平成五年度から「国産野菜流通体制整備特別対策事業」を導入しました。規格の簡素化、ばら出荷の推進、通い容器の導入など産地の出荷労力・コスト削減や、量販店ニーズに対応した野菜選別・調製・包装用機器の導入を促進することが目的です。これによって、農協共販など組織的な出荷体制が未整備な中山間地域や都市近郊地域の小規模産地からの地元市場に対する出荷増加が期待されています。

また、最近の例では、朝収穫された地元産野菜を六時間でスーパーや小売店の店頭に並べるという埼玉県の取り組み（「新鮮さいたま野菜六時間流通促進事業」、平成六年度から）が先進的です。生産者と流通関係業者、行政との連携による地場野菜振興事業として注目を集めるなか、供給量も急増し、地元専門小売店の活性化にも寄与するところが大きいと期待を集めています。

さらに、地域特有の伝統的品種を復活させ、ブランド化を図るなどの取り組みも、賀茂ナス等の伝統野菜で知られる京都をはじめ各地で行われていますが、これも地域農業のもつ潜在的な生産力を掘り起こす取り組みとして重要です。また、地元農業を振興し、農業に対する理解を教育面から育むことを目的に、地場農産物を学校給食の食材として供給するシステムづくりも各地の小中学校の現場で取り組まれつつあります。

これらの取り組みが進められる背景としては、消費者サイドにおける「新鮮・安心・本物」志向や食品の安全性に対する関心の受け皿として、地場産農産物への期待が強まっていることが挙げられるでしょう。出店ラッシュの過当競争のなかでしのぎを削るスーパー各社が、新鮮な地場野菜を集客力強化の目玉商品として位置づけ、その集荷対策に工夫を凝らしていることも、それら消費者ニーズの現れとみることができます。

全国各地で相次いで開催されている朝市や直売所に注目が集まっているのも同様の動きではないでしょうか。それらの背景には、生産した農産物を農家自らが消費者に直接販売するという「顔のみえる」流通に対する消費者の安心感や都市農村間の交流への憧れなどを見て取ることができます。またさらに、「地産地消」という考え方は、近年では農業サイドからに止まらず、商店街の活性化や中小小売業の経営安定など地域経済の活性化を図るために流通のあり方を見直そうとする気運の高まりのなかでも注目を集めつつあります。

いま、イタリアを発祥とする「スローフード運動（ファストフードに象徴される効率一辺倒の現代生活を見直し、食事くらいはゆっくりと楽しもうという運動）」が静かなブームを呼んでいます。そこでは、郷土食など伝統食の復興や、安全で良質の食材・加工食品を提供する生産者の支援や子供を対象とする食文化啓蒙などが目的とされ、ヨーロッパ諸国やわが国においても拡がりをみせ始めています。これも「地産地消」運動と軌を一にする取り組みの一つです。

大阪伝統野菜の再評価と今後

商工文化に育まれた大阪野菜

京野菜が京都という永い歴史と高い文化に培われたものであるのに対して、大阪の伝統野菜は日本の諸国だけではなく、アジアの国々からのモノ・カネの集散都市という商工文化によって育まれたものでした。たとえば江戸時代には全国の米や在所の米も堂島米市場に集まり取引きされ、これが諸国の建値となりました。また、綿は河内綿が有名でしたし、菜種も灯油や食用に精油され船場の卸問屋に集まり取引きされ、諸国へ配送されていました。これらの大阪を代表する米や工芸作物は金肥を投入して、当然高い生産力を保持していました。もちろん、野菜生産は砂壌土が広がる「畑場八ヵ村」や多くの新田を中心としていましたが、多種類で季節性のはっきりした旬《しゅん》の野菜を集約的に生産し、天満《てんま》や木津《きづ》の青物市場に出荷していました。当時の青物とは、栽培された野菜・果実が中心であり、採取された山菜や川菜のほかに、これらの加工ものや乾物も含んだものを指していました。

大阪野菜の盛衰

野菜のように日々新鮮なものとして食べなければならないものは、消費需要の集積が進むほど、つまり都市人口が拡大するほど、産地の拡大と生産の集約化を引き起こしますが、反面、この消費需要地である都市地域の拡大によって、都市隣接地域や近郊地域に立地していた野菜産地はそのまま消滅したり、より遠隔地に移動していく傾向があります。近世大坂の都市人口は最大四十二万人まで増加しましたが、その後明治維新まで約十七万人の減少傾向が続きました。しかしながら、都市地域の拡大と、大坂への野菜の搬入範囲が従来の摂河泉《せっかせん》の地域から五畿内地域に拡大し、さらに河川輸送や海上輸送の利用によって、より遠隔の国々からも大量の野菜が入ってきました。もちろん、搬送しやすくて長持ちのする根菜類や瓜類、果菜類が中心ですが…。この諸国の野菜の移入増加と大坂野菜の生産減少の傾向により、従来の大坂の伝統野菜は埋没していきました。特に、明治後期にもなると大坂野菜の面影がほとんどなくなってしまいました。昭和期に入り、中央卸売市場や地方卸売市場が整備されると、全国の野菜の産地ものが大量に押し寄せるとともに、近年には輸入ものが激増して、大阪産野菜は完全にかすんでしまっています。

季節感ある大坂庶民の食生活

他方、江戸時代の大坂庶民の食生活は、平素の食事は白飯や麦飯、茶粥あるいは芋粥で、副食も一汁二菜に香の物という倹約が中心の質素なものでした。しかし、季節季節には決まった食べ物があり、旬のものを食膳に上げる強い習慣が一般庶民にも普及していました。正月、節分、桃の節句、端午の節句、七夕、八朔《はっさく》、お盆、重陽《ちょうよう》、大晦日などはお膳の内容はほぼ決まっていました。さらに、お祝いや先祖の法事などハレの行事を考えると、かなりメリハリのあった食生活だったと推測できます。

忙しく潤いのない現代の食生活

現代、街中には多くのファスト・フード店、同じような品揃えのスーパーやコンビニ、和食や中華や各国のレストラン、丼店や回転すし店などであふれています。われわれは食べようと思えばなんでも食べることができます。また、多種多様な冷凍食品や惣菜が販売されており、キュウリ、ナス、トマト、カボチャなども季節や旬を問わずに、いつでも買って食べられます。確かに、遠い江戸期や明治期といわなくとも、戦後の昭和三十年頃とは比べものにならないほど、われわれの食生活ははるかに改善されました。日本人の食生活の特徴は簡便化、多様化、健康化、安心・安全化の方向に進んできました。しかし、われわれの食生活は本当に良くなったといえるのでしょうか。「豊富の中の貧弱な食事」になってしまっていないでしょうか。

輸入ものや冷凍食品による食文化の崩壊

「食」は歴史や風土に育まれた国や地域固有の文化の重要な一つです。ところが、食のグローバル化、つまり欧米化によって伝統文化や健康に悪影響を及ぼしていないでしょうか。この問題について、アメリカの広告代理店オルグヴィ&メイザー社がアジア十四ヵ国二十一都市六千人と二百二十集団を対象に面接調査した結果を平成十二年に公表しています。それを掲載している「日本農業新聞」によると、次のとおりです。

「輸入食品は自国の食文化に悪影響を与えている」四二パーセント
「自分の食生活は五年前と比べて健康に良くない」五六パーセント

つまり、アジア全体の経済成長で、外国産の食材や加工食品や冷凍食品が大量に流入している動きについて、確かに人々の生活を便利にした反面、伝統の食文化や健康に悪影響を及ぼしていると否定的に捉えています。さらに、二一世紀を迎え、農産物や輸入食品がいくら安価とはいえ、それらが余りにも国中にあふれて、自国の食文化の崩壊にまで影響を与えるならば、日本の将来にとって重大な問題だと、解説していました。

伝統野菜などで季節感ある食生活を

これまでの各項で、大阪の伝統野菜だけではなく、干物も魚も季節季節にしばられた「季節限定」の生産であり、そこから「旬のもの」が重視されてきたことをみてきました。確かに、野菜でも果物でも「旬のもの」が一番美味しくて、一番たくさん収穫されるのです。このため価格も当然安くなり、大量に扱っても農家の収入は多くないのです。そこで、季節性をなくし周年栽培を可能にするトンネル栽培やハウス栽培、さらにはハウス加温栽培が開発されました。その先端を切ったのが、コラムにある大阪の農業施設技術だったのです。さらに、近年中国を中心に輸入野菜が季節を問わず激増し、旬や季節性がなくなりました。

しかし、中世期以来、大坂をはじめ京都や江戸にはそれぞれの特徴ある食文化が、一般庶民にも習慣として守られていました。大坂は「天下の台所」として、豊富・多様・珍品で表徴できる物資の集散地と、多様・風味・珍味で表せる料理文化がありました。それを「良いものはいい」と評価する町人や庶民がおり、すでに述べたように、一般庶民の食生活や食べ物屋でも、季節性があり潤いのあるものでした。

現在のように、豊富な食生活の中に、季節感のある大阪野菜を発掘し、季節性・旬のもの、年中の決まりのあるもの、歴史的にいわれのあるものを導入することによって、「豊富の中の貧弱な食生活」を、一層内容があり季節のメリハリのある食生活に転換できると思うのです。つまり、大阪の伝統野菜の良さを再評価し、それを現在の食生活に取り入れることによって、大阪のより高い新しい食文化が形成されるのではないでしょうか。

伝統野菜の生産と流通のシステムづくり

伝統野菜は季節固定的であり、多く収穫できないクセのある野菜です。したがって、現在の一般野菜のように大量生産・大量販売・規格統一は無理で、少量生産・少量販売・規格不揃いになりやすい野菜なのです。このような特徴のある伝統野菜の生産から流通、そして消費までをシステム化して存続させるためには、多くの関係団体の協力が必要なのです。

生産面では、産地農協や大阪府立農林技術センターによる純系種の発掘・保存と栽培技術の指導と普及が必要ですし、よりスムーズに振興させるためには支援資金もなければなりません。流通面では、大阪野菜の季節ごとの少量運搬や少量取引になりますので、中央卸売市場や地方卸売市場でも、「大阪特産野菜コーナー」を設置して、主として相対取引をします。小売り段階のデパートやスーパー、一般青果店では、大阪伝統野菜販売協力店としての参加を募り、その店には「なにわ伝統野菜コーナー」を設け、そこへ行けば常に大阪の伝統野菜が季節ごとに幾種類かずつ販売されているようにすることが必要です。

さらに、大阪の伝統野菜の需要開発のためには、大阪府や農協団体、流通業界や食生活関係団体などが中心となって、「なにわ伝統野菜認証制度」により正真正銘の大阪野菜を認定して、大阪の伝統野菜の紹介イベントや小冊子などによる宣伝活動も必要です。しかも、それぞればらばらに活動するのではなく、あたかも一つの組織として系統立てて総合的に活動することが肝要です。現在、大阪府立農林技術センターや大阪府食品産業協会内の「府内産原料活用推進協議会」や「大阪府食生活改善連絡協議会」などがこれに取り組んでいます。

次世代の子どもたちへの伝達義務

本項のはじめにも述べたように、大阪の伝統野菜も例外ではなく、失われつつある農産物や食品なのです。大量生産、大量輸入そして大量流通の野菜に押されて、一般には見られなくなってしまいました。一部の生産農家は別にして、大阪の人たちも大阪の伝統野菜を家庭で食べることがほとんどなくなりました。大阪の伝統ある農産物や食文化を次世代を担う子どもたちへ伝達することは、各家庭生活ではすでにできなくなっているのが現状です。ではどうすればよいのでしょうか。大阪市東住吉区の田辺地区周辺で、昭和二十年代半ばまで「田辺ダイコン」が地域一円で栽培されていました。しかし、ウイルスの蔓延《まんえん》と都市化により、今は幻のダイコンとなってしまいました。この「田辺ダイコン」の復活を目指して、平成十二年地元の小学校の児童が大阪府立農林技術センターの森下正博（本書執筆者のひとり）の指導のもとに菜園に種まきをしました。十二月には子どもたちが楽しく収穫している写真や地域住民も参加して、「田辺大根フェスティバル」が開かれたことが新聞に載っていました。「田辺ダイコン」だけではありません。近世初期から阿倍野区周辺で栽培されていた有名な「天王寺カブラ（カブ）」、都島区の淀川べり原産の「毛馬キュウリ」、西成区玉出地域で広く栽培されていた「勝間ナンキン（カボチャ）」も、地域活動として同様な動きがあります。これらを地域活性化の一つとして捉えることもできますが、もっと重要なことは次世代の子どもたちに、実際に手を取って栽培から料理までを体験させ、これらの食文化を正しく伝達・継承することなのです。

執筆者紹介・執筆分担（執筆順）

堀田忠夫（ほりたただお）
大阪府立大学名誉教授
第一章、第三章のうち「大阪伝統野菜の再評価と今後」

森下正博（もりしたまさひろ）
大阪府立農林技術センター栽培部野菜・花き室長
第二章、コラム「甘藷」「こつまなんきん」「促成栽培」

近江晴子（おうみはるこ）
大阪天満宮文化研究所研究員
第二章、コラム「鴨なんば」

酒井亮介（さかいりょうすけ）
大阪市中央卸売市場本場市場協会資料室
第三章のうち「古代・中世・近世から明治期の野菜の流通」、コラム「はりはり鍋」

藤田武弘（ふじたたけひろ）
大阪府立大学大学院農学生命科学研究科講師
第三章のうち「戦前・戦後の大阪野菜の流通」

高橋巌（たかはしいわお）
大果大阪青果株式会社野菜部
第三章のうち「戦前・戦後の大阪野菜の流通」

参考文献

堀田忠夫執筆分

松江重頼編『毛吹草』岩波書店
喜田川季荘『近世風俗志』(守貞謾稿)天保八年~嘉永六年
久須美祐雋『浪花の風』安政三年
小林茂『近世上方の民衆』教育社、一九七九年
渡邊忠司『町人の都 大坂物語』中公新書、一九九三年
藤本篤監修『大阪の歴史力』農文協、二〇〇〇年
小林・脇田『大阪の生産と交通』毎日放送、一九七三年
小林茂稿「近世大阪における青物の流通問題」、大阪歴史学会編『封建社会の村と町』吉川弘文館、一九五九年
児玉幸多編『産業史Ⅱ』一九六五年
「なにわの伝統野菜」大阪府立農林技術センター、二〇〇一年
「日本の味、なにわの味」大阪ヘルスメイトの会、二〇〇〇年
大阪市史編纂所編『大阪市の歴史』創元社、一九九九年
芝村篤『都市の近代・大阪の二〇世紀』思文閣出版、一九九九年

森下正博執筆分

青葉高『日本の野菜』八坂書房、一九九三年
出口神暁『江戸時代に於ける和泉地方の農事調査』和泉史料叢書、一九六八年

『平城宮発掘調査出土木簡概報長屋王家木簡三』、一九九二年
石川松太郎『庭訓往来』東洋文庫、一九九五年
門田寅太郎『蔬菜品種解説』朝倉書店、一九五三年
『穀菜便覧』三田育種場、農商務省、一九〇四年
盛永俊太郎・安田健『享保元文諸国産物集成』、一九九五年
森下正博『なにわの伝統野菜』大阪府立農林技術センター、二〇〇一年
関根真隆『奈良朝食生活の研究』、一九六九年
杉山直儀『江戸時代の野菜の品種』養賢堂、一九九五年
川端直正編『大阪市農業誌』、一九六〇年
河内屋太助・伊丹屋善兵衛『大阪産物名物大略』、一八六四年
熊澤三郎『蔬菜園芸各論』養賢堂、一九六五年
日本学士院編『明治前日本農業技術史』日本学術振興会、一九八〇年
大阪府『農事調査、摂津・河内・和泉』、一八八八年
『新改正摂津国名所奮跡細見大絵図（名物名産略記）』、天保七年

近江晴子執筆分

近江晴子『助松屋文書』、一九七八年
自由亭和洋主人調理・伴源平舊邨堂編輯『日本西洋支那 三風料理 滋味饗奏』大阪赤志忠雅堂出版、明治二十年
『家庭惣菜と料理法』武田交盛館、明治四十年
三宅氏宗助・灰屋又市『早料理仕方』、天保四年

松川半山『料理早工風』、嘉永六年
河内屋嘉助・河内屋儀助・河内屋嘉七『早速庖丁』
大田南畝著「蘆の若葉」『大田南畝全集』第八巻、一九八六年
喜田川守貞『守貞謾稿』東京堂出版、一九九二年
久須美祐雋「浪花の風」『日本随筆大成』第三期5、一九九五年
宮崎安貞「農業全書」『日本農業全集』一二巻・一三巻、農山漁村文化協会、一九九八年
寺島良安『和漢三才図会』平凡社
辻嘉一『懐石伝書』婦人画報社、一九六六年
松下幸子『図説江戸料理事典』柏書房、一九九六年
『聞き書大阪の食事』農山漁村文化協会、一九九一年

酒井亮介執筆分

『大阪市史』大阪市、大正二年
『新修大阪市史』大阪市、一九八八年～九六年
『大阪編年史』大阪市、一九六七年～七九年
永市壽一『天満市場誌』上巻、昭和四年
『青物魚類　市場調査』大阪府、大正十年
『天満青物市場調査』大阪市役所商工課、大正十二年
『大阪市蔬菜果物市場調査　全』大阪市役所商工課、大正十三年
『木津難波青物市場記録写　青物立売一件』、昭和五年

『大阪乾物商誌』大阪乾物商同業組合、昭和八年

藤田武弘・高橋巌執筆分

武部善人『わが国タマネギ栽培の経済的研究』、一九五五年
武部善人『わが国タマネギの流通過程』、一九五七年
大阪府農業会議編『大阪府農業史』、一九八四年
大阪府農業会議編『写真集・大阪農業のあゆみ』、一九八五年
『大果大阪青果三十年史』、一九八七年
『大阪中央卸売市場本場開設六〇周年 業務管理棟竣工記念六十年のあゆみ』、一九九二年
澤田進一『青果物流通・市場の展開』、一九九二年
『大阪府農民会館だより（産地探訪シリーズ）』、一九九二年〜
大阪農業会議編『都市農業の軌跡と展望―大阪府都市農業誌―』、一九九四年
小野雅之・小林宏至編『流通再編と卸売市場』、一九九七年
藤田武弘『地場流通と卸売市場』、二〇〇〇年
大阪府立農林技術センター企画部・大阪府立大学大学院農学生命科学研究科地域緑農政策学研究室『大阪府内の農産物朝市・直売所に関する調査報告書』、二〇〇〇年
良い食材を伝える会編『日本の地域食材』、二〇〇〇年

カブ	天王寺蕪 とがり蕪（住吉蕪、城島蕪）	有・大阪市、堺市、貝塚市 無（大阪市）	可(種苗店) 無
ダイコン	田辺大根 大阪四十日 守口大根	有・大阪市、和泉市 有・大阪市、堺市 無（大阪市、守口市）	否 可(種苗店) 無
ゴボウ	高山ごぼう	有・豊能町	否
葉ゴボウ	越前白茎系統(自家採種)	有・八尾市、富田林市、堺市、忠岡町、和泉市	可(種苗店)
クワイ	吹田慈姑 青くわい	有・吹田市 有・門真市	否 否
エビイモ	唐の芋	有・富田林市	否
ズイキ	唐の芋	有・富田林市、河南町、泉州	否
サトイモ	石川早生 唐の芋 えぐ芋 真芋（丸系）	有・河南町、泉州 有・富田林市、南河内、泉州 有・河南町 有・河南町	可(種苗店) 否 否 否
タマネギ	貝塚早生 今井早生 泉南甲高 泉州黄 佐野早生(出村早生) 大阪中生 大阪中高 大阪丸 大阪さきがけ	有・貝塚市 有・田尻町 有・岸和田市 無（泉州） 無（泉佐野市） 無（泉州） 無（泉州） 無（泉州） 無（泉州）	可(種苗店) 可(種苗店) 可(種苗店) 無 無 無 無 無 無

「平成12年大阪府環境農林水産部農の振興整備室調べ」改編。平成13年12月種子入手の可否加筆。

なにわ大阪伝統野菜の栽培と種子

作物名	品種名	大阪府内での栽培の有無 （無の場合は以前の栽培地域）	種子入手の 可否と入手先
キュウリ	毛馬	有・堺市、河南町、千早赤阪村、河内長野市	否
	大仙節成2号	無（大阪市）	否
	台湾毛馬	無（堺市）	否
	北京	無（堺市）	否
シロウリ	服部越瓜	有（高槻市）	可(種苗店)
マクワウリ	への松瓜	無（堺市）	無
	十六まくわ	無（大阪市）	無
カボチャ	勝間南京	無（大阪市）	否
	鴻池	無（東大阪市）	無
ナス	泉州水ナス	有・泉州	可(種苗店)
	鳥飼茄子	有・摂津市	否
	澤（水）茄子	無（泉州）	否
	蓑葉	無（大阪市）	無
	大阪本長	無（大阪市）	無
	大阪丸	無（大阪市）	無
ソラマメ	河内一寸	有・南河内	否
	芭蕉成一寸	有・松原市	可(種苗店)
エンドウ	碓井（改良碓井）	有・河南町、羽曳野市、泉州	可(種苗店)
キャベツ	泉州寒（甘）藍	無（泉州）	無
フキ	水ぶき	有・八尾市	否
ミズナ	千筋系	有・羽曳野市、河南町	可(種苗店)
大阪シロナ		有・泉州、松原市、大阪市、八尾市、柏原市、東大阪市	可(種苗店)
ウド	白うど	有・茨木市	否

あとがき

最近、忙しい人のためのファスト・フード（fast foods）に対して、ゆっくりと地元の素材による食事を楽しもうとするスロー・フード（slow foods）が流行りかけています。米国資本のマクドナルドやミスター・ドーナッツから牛どん、天どんや回転ずしに至るまでファスト・フードが街にあふれており、最近の価格競争はとどまるところを知らない状態にあります。このような厳しい品質競争から価格競争に至ると、その産業がかなり飽和状態に入ったことを意味していることは、経済学や産業構造論の教えるところです。世の中の動きは「振り子」のように左へ行きつけば、その反動として右に戻ろうとする作用が働きます。イタリアをはじめとする欧州のスロー・フード運動も、日本での「地元のものを地元で食べよう」という「地産地消」運動もこの線上にあるのです。

本書で紹介したように、京都では貴族や仏事の食文化が京野菜という素材を背景として形成されましたが、大阪には全国からヒト・モノ・カネが流動し、その中で庶民や商家が安くて旨い食文化を創造してきました。なにわ大阪の野菜はその過程で淘汰され洗練されて育てられてきた歴史的存在であり、現在「なにわ大阪の野菜」を大きく提唱する価値は十分にあります。

本書では「なにわ大阪の野菜」として二十三品目を取り上げ、来歴・栽培・生産の特徴と調理・消費などを一体として詳しく解説しましたが、それと並んで中世、近世、明治・大正・昭和に至る大阪の時代背景および取引・流通や野菜生産が立地した要因や産地移動まで力点を置いて記述してあります。そのことによって、「なにわ大阪の野菜」の歴史と地域の両面から一層立体的な存在意義と、今なぜ発信するのかの根拠がわかっていただけると考えたからです。もちろん現在の大阪産野菜は卸売市場入荷の僅かしか占めていませんが、「振り子」の論理からか、一般消費者も飲食業者も「ほんまもん」の「なにわ大阪の野菜」を求める傾向が高まっています。これら多くの「なにわ大阪の野菜」は季節限定もので、大量生産、大量販売には向いていませんので、全国の産地からまた海外から押し寄せる野菜の中で、大阪の食文化に少しでも彩りやアクセントになれば、これ以上のことはありません。

われわれは「なにわ特産物食文化研究会」と称して平成十二年八月に立ち上げ、十数回にわたって、各人研究発表を行い真剣に相互検討を行ってきました。この間執筆者以外に次の方々も熱心に研究会に加わっていただきました。したがって本書は、溝口義徳（近畿農政局大阪統計情報事務所吹田出張所次長）、村田尊彦（大阪食スタジアム（株）営業推進チームリーダー）の二氏を加えた八人の共同生産物であります。

終わりに農文協との橋渡しから校正まで一手に引き受けていただきました参歩企画・真神博氏と、このような地域限定的な本書を出版していただいた農山漁村文化協会に、われわれ一同、心から感謝したいと思います。

平成十四年一月

「なにわ特産物食文化研究会」を代表して

堀田忠夫

酒井亮介

なにわ大阪の伝統野菜

2002年3月5日　第1刷発行

編著者　なにわ特産物食文化研究会（代表 堀田忠夫）

発行所　社団法人　農山漁村文化協会
郵便番号　107-8668　東京都港区赤坂7丁目6-1
電話　03（3585）1141（営業）　03（3585）1144（編集）
FAX　03（3589）1387　振替00120-3-144478
URL　http://www.ruralnet.or.jp/

ISBN4-540-01245-2　印刷・製本／凸版印刷（株）
〈検印廃止〉
©2002
Printed in Japan　定価はカバーに表示
乱丁・落丁本はお取り替えいたします。